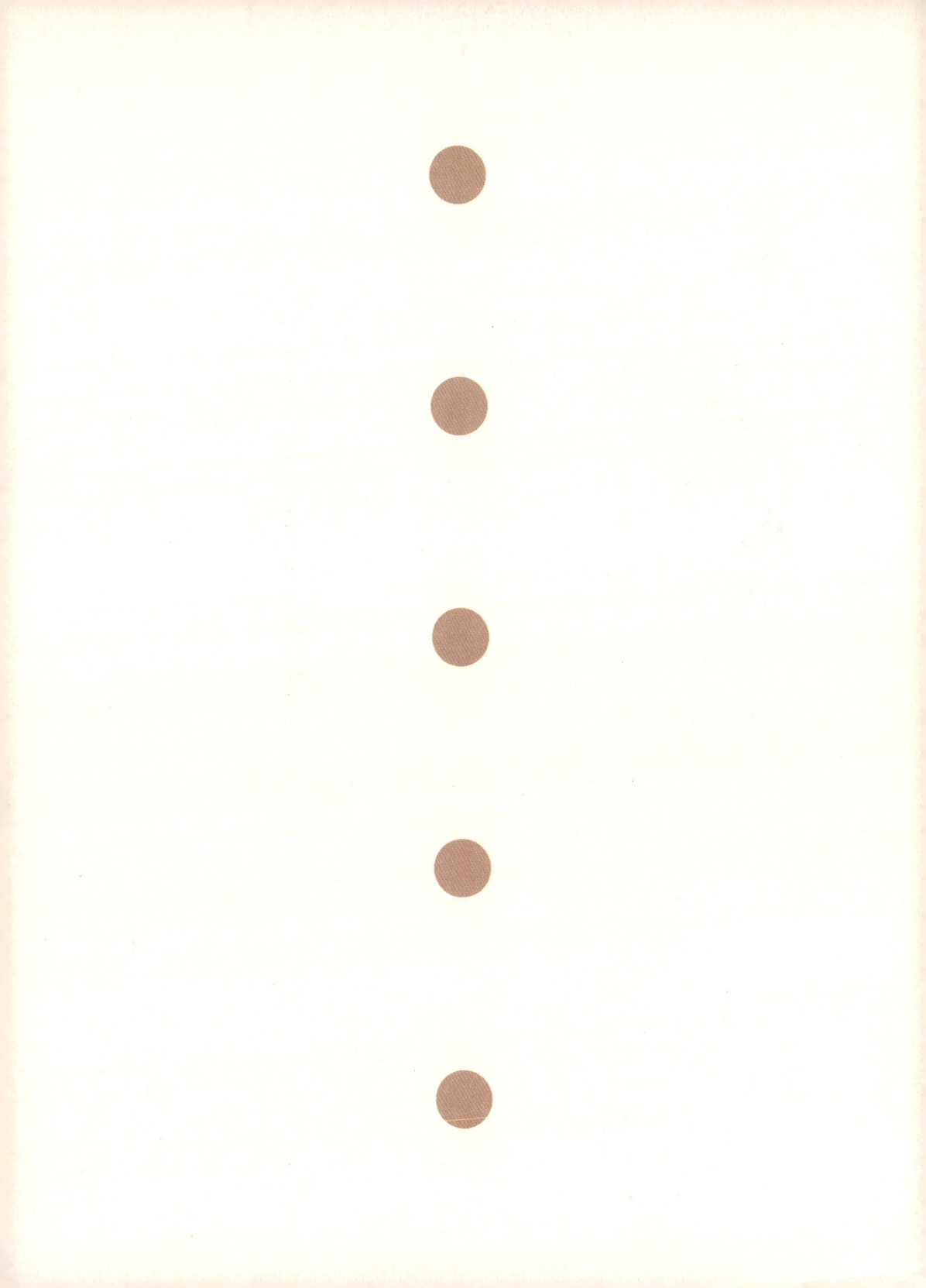

일러두기
이 책은 2014년부터 최근까지 〈맘&앙팡〉에 연재되었던 기사를 단행본으로 묶은 것으로
게재 순서 및 제목을 달리해 구성했습니다. 경우에 따라 현재의 운영 방식이나 모습과 다를 수 있습니다.

이 도서의 국립중앙도서관 출판시도서목록(CIP)은
서지정보유통지원시스템 홈페이지(http://seoji.nl.go.kr)와
국가자료공동목록시스템(http://www.nl.go.kr/kolisnet)에서 이용하실 수 있습니다.
(CIP 제어번호: 2015027477)

육아맘의 창업 성공기

글과 사진 〈맘&앙팡〉

design house

CONTENTS

PROLOGUE
꿈과 재능 있는 엄마들을 응원합니다
8

QUESTION
나는 왜 일하는 엄마가 되었나?
12

STORY 1
결혼 전 경력을 살린 엄마들

"결혼은 인생의 무덤이 아니다.
경험을 살려 할 수 있는 일은 얼마든지 있다."

결혼 후에도 감각을 잃지 않았다 – 식기류 브랜드, 아트플레이어
18

기성품이 없어서 직접 만들었다 – 침구류 브랜드, 라라라베이비
28

실패에서 다시 시작했다 – 아동복 브랜드, 드미니
36

엄마에게 '여자'를 선물하다 – 엄마 & 유아 주얼리 브랜드, 더쏨
46

같은 직종에서 새로운 일을 찾았다 – 한복 브랜드, 혜율한복
56

십년지기 회사 동료들이 뭉쳤다 – 유아복 & 패밀리룩 브랜드, 프리비
64

뒤늦게 전공을 활용했다 – 놀이 · 교육용품 브랜드, 하우키즈풀
74

STORY 2
생활에서 재능을 발견한 엄마들

"아이는 엄마에게 끊임없이 영감을 주는 존재다.
육아활동 중에도 불현듯 아이디어가 찾아오곤 한다."

육아에서 창업 아이디어를 발견하다 – 리빙소품 브랜드, 그로우온유
88

취미가 일이 됐다 – 아동복 브랜드, 수아비
98

생활이 곧 기회였다 – 디자인 조명 브랜드, 빛홈
110

딸아이가 커갈수록 제품도 다양해진다 – 리빙소품 브랜드, 더아인스
122

내 아이에게 입혀 품질을 테스트했다 – 아동복 브랜드, 코노키즈
132

친정엄마의 손맛에서 힌트를 얻었다 – 먹거리 브랜드, 더마마
142

내 아이에게 좋은 것이 모두에게 좋다 – 과일청 브랜드, 호이티
154

STORY 3
'나'를 찾아 새로운 도전을 한 엄마들

"두드리고 두드리면 열린다.
문이 열리면 내가 걸어갈 수많은 길이 펼쳐진다."

일단 저질렀다, 길이 보였다 – 아이를 위한 멀티숍, 루팩토리
166

배우고 또 배웠다 – 간식 브랜드, 찐네 빵공장
176

나만이 할 수 있는 아이디어로 승부했다 – 아동복 브랜드, 젤리멜로
184

평생토록 하고 싶은 일을 찾았다 – 도마 브랜드, 도마네
192

시댁의 가업을 업그레이드했다 – 참기름 브랜드, 내안애 참기름
202

새로운 실험을 두려워하지 않았다 – 잼 브랜드, 단잼
212

육아용품에도 내 스타일을 담고 싶었다 – 아동복 & 아이용품 브랜드 위드제이
220

텃밭에서 가능성을 발견했다 – 텃밭 먹거리 브랜드, 땡스베리팜 by 엄마농부
228

LESSON
엄마 창업 클래스
236

OTHER STORIES
예비 '창업맘'에게 보내는 응원의 메시지 16
246

PROLOGUE

꿈과 재능 있는 엄마들을
응원합니다

이 책은 지난 1년간 만난 스물두 팀의 용기 있는 엄마들의 이야기이자 기록이다. 우리는 한 달에 두세 명씩 10개월간 그들을 만났고, 이렇게 한자리에 모았다. 책으로 만드는 작업이 쉽지 않았지만, 그녀들의 도전은 또 다른 누군가에게 희망을 줄 것을 알고 있다. 그래서 천천히 한발 한발 긴 시간을 걸어왔고, 이제 한 권의 책으로 묶어졌다. 단언하건대, 이 책을 덮는 순간 나만의 브랜드를 갖는다는 것이 그리 어렵지 않다는 사실을 알게 될 것이다. 그리고 자신감을 갖게 될 것이다. 이 책을 함께 만드는 사람들 모두 그랬으니까.

이런 무모한 프로젝트를 하게 된 건 작년 3월로 거슬러간다. 오랜만에 잡지에 복귀한 나는 누군가에게 뭐가 보탬이 될 만한 일을 발견했고 그 순간 나의 경험을 떠올렸다. 두 번의 임신과 출산, 육아를 거치면서 나 역시 끊이지 않고 했던 고민은 '앞으로 무엇을 할 것인가?'였다. 둘째를 낳고 생긴 공백기 동안 온라인을 이해하고자 웹디자인을 배웠고, 그 일로 나는 다시금 새로운 이력을 쌓을 수 있었다. 그것은 놀라운 경험이었다. 10년간 쌓은 경력에 더해 한층 발전된 자신을 찾게 되었으니까. 되돌아보면 탁월한 선택이었고 타이밍 또한 절묘했다. 무엇보다 그때의 일은 인생에 중요한 교훈을 남겼다. '시간을 흘려보내지 않는 사람에게 기회가 온다'라는 사실을 깨달았으니 말이다.

연어가 회귀하듯 다시 잡지에 복귀했을 때 내 손에는 마켓, 엄마, 도전이라는 키워드가 쥐여졌다. '경력단절', '독박육아'라는 암흑을 벗어나 자신을 찾는 엄마들에게 희망이 주고 싶었다. 우리 팀은 머리를 맞대었고, 그렇게 도출된 콘셉트와 네이밍을 입히니 '엄마꿈틀'이라는 근사한 타이틀이 탄생했다. 햇볕이 내리쬐던 2014년 4월의 어느 날이었고, 회사에 입사한 지 채 두 달이 못되어서의 일이었다. 우리는 모두 환호성을 질렀고 새로운 도전에 흥분했다. 그렇게 '엄마꿈틀'은 〈맘&앙팡〉의 세컨드 브랜드가 되었다.

'엄마꿈틀'은 중의적인 의미를 담고 있다. 꿈틀댄다는 동적인 의미와 엄마 꿈의 도약대, 엄마의 꿈틀이라는, 두 가지 해석이 가능하다. 어감도 좋지만 의미 풀이 또한 매우 만족스럽다. 그리고 이름처럼 지난 1년간 우리는 엄마들의 꿈을 지원하기 위해 많은 노력을 기울였다. 〈맘&앙팡〉 잡지에서 매달 새로운 엄마 브랜드를 찾아 널리 소개했고, 두 번에 걸쳐 마켓을 열어 제품을 판매할 수 있는 장을 만들어 주었다. 처음 마켓을 열고 얼마 후 한 엄마가 '엄마꿈틀'에 참가한 후 본격적으로 사업하게 되었다며 용기를 주어 감사하다는 메일을 보내왔다. 그리고 두 번째, 세 번째 사례가 이어졌다. 눈부신 성장도 지켜보았다. 작년에 함께 했던 유아 브랜드는 지금은 주요 백화점 입점에 성공하면서 대표적인 국내 브랜드로 성장했다. 시작과 도전, 노력과 성공으로 이어지는 선순환 모델. 그건 진정 우리가 원했던 모습이었다.

이 책을 만들면서 우리끼리 '이제 우리도 창업해야 하는 거 아니냐!'라는 농담을 주고받았다. 《엄마꿈틀》은 자신감을 전파한다. 나만의 브랜드를 만드는 일, 내가 만든 제품을 세상에 선보이는 일은 누구나 할 수 있다. 블로그를 하면서 꾸준히 소통하고, 잘하고 좋아하는 종목이 있다면 우리는 모두 내 브랜드를 가질 수 있다. 혼자가 힘들면 둘이, 셋이 엄마의 자리에서 할 수 있는 만큼 힘을 모아서 할 수도 있다는 걸 보여준다. 거창하게 창업이라고 말하지 않아도 나의 소소한 취미가 업이 될 수도 있다. 물론 어려움이 닥치기도 할 것이다. 그때 여기 소개하는 스물두 팀의 엄마 CEO의 얘기에 귀를 기울인다면 창업, 나만의 브랜드를 생각하고 있는 엄마들에게 많은 도움이 될 것이다. 여기 있는 사람 중 누군가는 당신의 롤모델이 될 수도 있다.

이 책을 통해 남의 얘기처럼 들렸던 창업이, 나만의 브랜드를 갖는 일이 어렵지 않기를 바란다. 더 많은 엄마들의 꿈이 꿈틀대기를, 엄마들의 꿈을 응원하는 지지자들이 이렇게 곁에 있음을 든든히 여기고, 이 책을 읽는 사람들이 원하는 것을 얻었으면 한다. 그리고 브랜드를 갖게 되었다면 꼭 우리에게 알려주길 바란다. 우리는 언제든지 당신의 재능을 응원하고 당신을 도울 준비가 되어 있다.

끝으로 이 책을 만드는 데 오랫동안 애를 써준 이들에게 고마움을 전한다. 〈맘&앙팡〉의 든든한 필자로 오랫동안 함께해 온 김경민 작가와 《엄마꿈틀》을 만들다 출산휴가에 들어간 오정림, 박선영 기자, 마무리를 하고 있는 박효성, 한미영 기자가 없었다면 이 책은 세상에 나올 수 없었을 것이다. 또한 출판팀의 이수빈 에디터가 합류하지 않았다면, 이렇게 '간지나게' 나왔을까 싶다. 마지막으로 이 책을 읽고 있는 독자에게 깊이 감사드린다. 그리고 축하한다. 이 안에 든 알짜 정보는 이제부터 모두 당신의 것이다.

〈맘&앙팡〉 편집장 김미현

아이들이 미래를 꿈꿀 때,
삶의 태도나 가치관,
어려움 극복 방법 등에서
배울 점이 많은 엄마가 되고 싶었어요.
•
혜윰한복
김혜진

동업하는 언니도 저도
딸을 키우는 엄마예요.
**딸에게 엄마 이전에 여자로서
삶의 롤모델이 되고 싶었어요.**
•
라라라베이비
변영임

QUESTION

나는 왜
일하는 엄마가
되었나?

내가 만든 옷을 아이에게 입혀보니
아이와 남편이 정말 기뻐했어요.
그 모습에서 성취감을 느꼈어요.
다른 가족에게도 기쁨을 전파하고 싶어요.
엄마가 행복해야 아이도 행복하니까요.
•
프리비
황보나

**엄마이자 디자이너가
되고 싶었어요.**
내 아이가 엄마의 일을 존중해주고
멋있게 생각해주는 날을
상상해보면 정말 행복해요.
•
빛홈
진은영

나 자신을 사랑할 줄 알아야
가족도 사랑할 수 있지 않을까요?
좋아하는 일을 하며
나 자신을 먼저 사랑하고 싶었고,
**사랑하는 엄마께 용돈을 마음껏
드리고 싶었어요.**
•
수아비
허아람

**내 분야에서 최선을 다해
목표를 이뤄내는 모습을
아이에게 보여주고 싶어요.**
아이에게 인생의 롤모델이 돼야죠.

●

아트플레이어
김나리

**서른두 살에 새로운 삶에 도전해
풍요로운 40대를 맞이하고 싶었어요.**
육아와 남편 뒷바라지만 하기엔
나의 40대가 너무나 빛날 것 같았거든요.

●

하우키즈풀
방수형

수년간 디자이너로, 워킹맘으로
쉼 없이 달려왔던 저에게
전업주부의 삶은 불편한 휴식이었어요.
'누구' 엄마가 아닌 제 이름을 찾고 싶었어요.

●

그로우온유
김온유

아이 낳고 1년 반 동안은
육아에 집중했어요.
아이가 크면서 전공을 살려
새로운 일에 도전하고 싶었어요.
**지금은 일하고 있다는 것만으로도
감사하고 행복해요.**

●

더솜
안윤경

새로운 디자인을 창조하는
과정은 매번 긴장의 연속이지만
내가 가장 잘하는 일,
가장 좋아하는 일이므로 즐겁게 합니다.
지금 제 모습을 사랑해요.

●

드미니
표지윤

**전업주부가 꿈이었는데
아이를 낳자마자 생각이 바뀌었어요.**
내 아이에게 그냥 엄마가 아닌
사회의 일원으로서 진취적인 모습을 보여
주자는 것으로요.

●

찐네 빵공장
박진희

**행동하지 않으면 얻을 수 없고
알 수도 없어요.**
행동했기
때문에
꿈을 이룰 수 있었죠.

●

도마네
최희정

**내 아이를 위한 사랑스러운
물건을 만들고 싶어서**
일하는 엄마가 됐어요.

●

더아인스
백성은

**하고 싶고 잘할 수 있는 일을
찾아낸 이상 포기할 수 없었죠.**
훗날 아이들이 엄마가 하는 일을
자랑스러워할 거라고 상상하면
없던 힘도 생겨요.

●

루팩토리
이남윤

**엄마가 열심히 일하는 모습을
보고 자란 아이는 자립심이 강할 것 같아요.**
부지런하고 정직한 엄마를 보고 자란
내가 그런 엄마가 된 것처럼요.

●

땡스베리팜 by 엄마농부
한소윤

**좋아하는 일을 할 때
자신감이 넘치는 나를 발견했어요.**
아들에게 자신감
넘치는 엄마 모습을 보여주고 싶었어요.

●

단잼
김미화

**아이들을 내 삶의 목적으로
만들고 싶지 않았어요.**
꿈을 갖고 이루려고 노력하는
엄마의 모습이 아이의 삶에도
좋은 밑거름이 될 수 있다고 믿어요.

•

더마마
조하진

꿈을 접지 않고
열정적으로 살아가는
**지금 나의 모습으로 아이들에게
기억되고 싶어요.**

젤리멜로
김민송

**아이에게 특별한 선물을 주고
싶었어요.** 열정을 갖고 노력하는
모습을 보여주면 엄마도 한
사람으로서 스스로 아끼고
인생을 소중하게 여겼다는 것을
아이가 알아줄 테니까요.

•

코노키즈
문선미

**시부모님이 35년간 정직하게 만들어온
참기름과 들기름을 더 많은 사람에게
소개하고 싶은 욕심이 생겼어요.**
사업을 시작하고 좋은 사람들과
인연을 맺을 때 가장 보람을 느껴요.

•

내안애 참기름
박은영

엄마는 평생 직업이지만
엄마로서 한 일에 대한 성패를
검증할 수는 없잖아요.
**엄마가 아닌 나라는 존재를
검증하고 싶었어요.**
오로지 내 이름을 건 무언가로 말이에요.

•

호이티
김은아

**내가 행복해야
내 아이도 행복할 것 같아요.**
하고 싶던 일을 시작하면서
엄마로서의 삶에도 활기가 생겼어요.
이 에너지는 분명 아이에게도
긍정적인 영향을 끼칠 거예요.

•

위드제이
김미나

STORY
01

결혼 전 경력을 살린 엄마들

아트플레이어
김나리
●
라라라베이비
변영임
●
드미니
표지윤
●
더솜
안윤경
●
혜율한복
김혜진
●
프리비
박미연, 박영은, 황보나
●
하우키즈풀
방수형

"

결혼은 인생의 무덤이 아니다.
경험을 살려 할 수 있는 일은
얼마든지 있다.

"

ART PLAYER

이름	김나리 – 만 4세 태원 엄마
브랜드	아트플레이어 Art Player
제품 종류	식기류, 인테리어 · 리빙소품
브랜드 콘셉트	아티스트보다 아트플레이어를 꿈꾸는 라이프스타일 브랜드
URL	www.artplayer.co.kr

식기류 브랜드 – 아트플레이어

김나리

결혼 후에도
감각을 잃지 않았다

김나리 씨는 건축학도였고 조명을 설계했다. 모든 작업이 끝난 현장에서의 마지막 날, 완성한 조명이 켜질 때의 환희를 그는 잊지 못했다. 하던 일을 접고 태원이 엄마로 사는 동안 다시는 그러한 감정을 느끼지 못할 거라 체념한 적도 있었다. 하지만 태생이 열정적인 김나리 씨는 감각이 녹슬도록 그냥 내버려두지 않았다. 육아 생활 속에서도 종종 재미있는 아이디어가 떠오르면 자신이 가진 기술과 정보로 구현해보곤 했는데 '아트플레이어'도 그렇게 탄생했다. 엄마가 되어 주방용품을 다루다 보니 도자기 그릇은 무겁고, 플라스틱 그릇은 몸에 해로워 꺼려졌다. '더 가볍고 안전한 소재의 단단한 그릇은 없을까' 하고 늘 생각했다. 그러다 도금을 떠올렸다. 반짝이는 골드 컬러로 도금한 조명을 좋아했는데 그것을 식기류에 접목해보면 어떨까 생각했다. 그렇게 탄생한 그릇은 작품처럼 아름다우면서 실용적이었다. '내가 해냈다!' 김나리 씨는 유레카를 외쳤다.

창업을 결심한 계기는?

조명설계 일을 하다가 아이를 낳고 1년 6개월간 육아 휴직을 했다. 일을 쉬고 아이를 돌보며 지내는데 주변에 자기 사업을 하는 친구들이 꽤 많았다. 그들을 보며 나도 내 일을 하고 싶다는 생각을 했고, 내가 좋아하고 잘할 수 있는 일이 무엇인지 관심 분야를 좁히다 보니 아트플레이어가 탄생했다. 육아를 하며 '블로그 맘'의 도움을 많이 받았던 터라 나 역시 인테리어·리빙소품 정보, 육아·일상 이야기를 블로그에 올리며 이웃과 소통하던 중이었다. 그래서 아트플레이어의 시작도 블로그와 함께했다.

아트플레이어의 도금 제품은 어떻게 탄생했나?

인테리어 아이템과 식기류를 포함한 리빙소품을 워낙 좋아해 '해외 직구'를 많이 하는 편이다. 국내에서는 예쁜 스테인리스 소재의 식기류를 찾기 힘들고, 내가 좋아하는 골드 컬러는 더더욱 찾을 수가 없었다. 그래서 떠올린 것이 도금이었는데, 테스트 제품을 만들어보니 생각보다 더 예쁘고 만족스러웠으며 반응도 좋았다. 아이들 식기류로 쓸 수 있지만 세련되고, 티타늄으로 만들어 안전하다는 점 때문에 엄마들이 매력적으로 느낀 것 같다. 또 블로그에서 쌓은 신뢰 덕에 많은 엄마가 지지하고 찾아주셨다.

제작 과정이 궁금하다.
또한 제품 제작을 위해 특별히 배운 기술은?

같이 일할 공장 찾기가 매우 어려웠다. 식기류 주문제작은 대량생산 공장에서는 쉽게 해주지 않는다. 일일이 찾아다니며 제작 공정을 이해하고 나와 취향이나 작업 방식이 맞는 공장을 선정하는 것이 첫 번째다. 공장에서 그릇을 찍어낸 후 도금, 원하는 컬러를 내기 위한 페인팅, 레이저마킹 등의 과정을 거쳐 완성되며 한 아이템이 나오기까지 6개월 정도의 시간이 소요된다. 퇴직 전 회사에서 사진 작업, 포토샵과 일러스트 작업 등을 해본 경험이 도움되었다. 또한 최대한 많은 제품을 보고 구입해 연구한다.

블로그 판매로 시작해 홈페이지를 오픈했다.
어떤 점이 다른가?

2013년 블로그로 시작해 2014년 12월 공식 사이트를 오픈했다. 육아를 병행하면서 제작 공정이 긴 아이템을 만들다 보니 신제품을 계속 출시하기가 어려워 공식사이트 오픈이 늦었다. 블로그만 운영할 때는 주문 및 판매기간을 정해놓기 때문에 육아와 병행하기가 수월한 편이었다. 사이트를 오픈한 후로는 업데이트도 자주 해야 하고, 제품 문의도 많고, 기업과 미팅 등 대외 활동이 늘어 더 바빠졌고 관리할 일도 많아졌다. 구매자도 처음엔 엄마들이 대부분이었고 점점 인테리어에 관심 많은 젊은 여성, 카페 창업자, 기업까지 다양해졌다.

일하는 엄마로서 가장 큰 고충은 무엇인가?

아들 태원이와 남편, 그리고 육아에 많은 도움을 주는 친정엄마께 늘 미안하다. 사이트를 운영하면서 미팅이 잦고, 처리할 일도 더 많아졌다. 최대한 아이가 어린이집에 간 사이에 일을 마치려고 노력하지만 '친정엄마 찬스'를 자주 쓰고 있다. 다행인 것은 어릴 때부터 아이의 수면 교육에 신경 쓴 덕분에 아이가 푹 잠든 동안 작업할 수 있다.

아트플레이어가 추구하는 비즈니스 철학이 있다면?

아는 사람들 위주로 판매를 하는 것은 한계가 있을뿐더러 내가 원하는 방향도 아니다. 일단 제품의 퀄리티를 최우선시해야 한다. 또 아이를 키우는 엄마로서, 디자이너로서, 아트플레이어를 끌어온 사람으로서 앞으로도 유니크한 아이템을 계속 제안하는 것이다. 사업 선배인 남편이 "제품만 팔아서는 안 되고 콘텐츠를 팔아야 한다"라고 조언해주었다. 제품을 내놓으면서 스토리를 전하고, 즐거움과 추억을 함께 팔아야 한다는 것에 점점 더 공감한다. 그래서 제품을 홍보할 때도 식기로 사용하고, 액세서리 수납함으로 쓰거나 인테리어 소품으로 활용하는 모습까지 나름대로 많은 콘텐츠를 보여주려고 한다.

앞으로의 계획은?

패션 브랜드를 운영하는 친구들과 컬래버레이션을 계획 중이다. 구체적으로 말할 수는 없지만 기존에 없던 새로운 아이템이 나올 것 같아 설렌다. 그리고 아트플레이어 쇼룸도 준비 중이다. 조금 더 장기적이고 큰 꿈은 아직 좁은 편인 한국의 리빙소품 시장을 확장하고 해외에 알리고 싶다는 것. 머릿속에만 있던 그림이 실제 눈앞에 완성됐을 때의 짜릿함, 발로 뛰어 만든 아이템에 대한 폭발적인 반응이 주는 성취감을 더 많은 엄마들이 경험하길 바란다.

23

아이템 노트

베스트 아이템
● 아트플레이어 컵 Art Player Cup
이중 스테인리스 소재에 티타늄으로 도금한 제품. 쉽게 변색되지 않으며 열전도율이 낮아 뜨겁거나 찬 내용물을 담아도 편하게 잡을 수 있다. 아이들이 사용하기에도 좋다.

●● 골드 트레이 Gold Trays
국내에서 쉽게 찾아볼 수 없는 골드 컬러의 원형 트레이. 식기로 사용할 수 있고 인테리어 소품, 수납용 트레이 등 다양하게 활용할 수 있다.

아이템 제작기간과 비용
신제품을 만들 때 평균 3~4개월이 소요된다. 샘플을 만들어 직접 사용해보는 시간이 필요하기 때문이다. 테스트 제품 제작 비용은 적게는 20만 원, 많게는 50만~100만 원 정도다.

창업 노트

창업 자금
약 450만 원
웹사이트 제작비 – 25만 원,
초기 샘플 구입 – 100만 원,
촬영 소품 구입 – 10만 원,
부자재 비용 – 100만 원,
초기 제품 발주 비용 – 200만 원.

창업 준비기간
약 5개월
사업자등록 후 제품 개발을 위한 테스트기간으로 2개월, 상호명 등록과 홈페이지 제작에 3개월 정도 걸렸다. 이미 블로그를 1년 이상 운영해와서 준비기간을 단축시킬 수 있었다.

운영 노트

초창기 홍보
처음부터 이슈가 됐다
그동안 블로그나 온라인에서 잘 볼 수 없었던 스테인리스 식기를 판매한 국내 첫 주자나 다름없었기 때문. 또한 후속 제품인 아트플레이어 컵도 독특함으로 큰 인기를 얻었다.

운영 포인트
제품이 아니라 삶을 먼저 보여준다
블로그를 통해 우리 브랜드 제품은 물론이고 직접 사용해보고 좋았던 다른 브랜드 제품을 소개하면서 다양한 정보를 공유하려고 노력한다. 이를 통해 나에 대한 신뢰도가 높아지고 더 나아가 브랜드 신뢰도도 높아진다.

창업 전 배워둔 기술을 유용하게 썼다
사진 보정을 위한 포토샵, 로고 제작 등을 위한 일러스트레이터, 캐드 프로그램 등이 고객들을 사로잡는 이미지를 만드는 데 도움이 됐다.

엄마의 하루

6:30	기상
8:00	남편과 아이 아침식사 준비, 아이 유치원 보내기
9:00	집안일
10:00	출근, 택배 포장 및 발송
11:00	거래처 미팅
14:00	유치원에서 아이 픽업
15:00	아이 간식 먹이고 낮잠 재우기
19:00	저녁식사
20:00	아이 재우고 휴식
22:00	사이트 및 블로그 관리
00:00	디자인 작업
다음 날 3~4:00	취침

LALALA BABY

이름	변영임 – 만 4세 서호 엄마
브랜드	라라라베이비 Lalala Baby
제품 종류	침구류, 패브릭 제품
브랜드 콘셉트	우리 가족의 건강한 생활을 위한 실용적인 패브릭 제품
URL	www.lalalababy.co.kr

침구류 브랜드 - 라라라베이비

변영임

기성품이 없어서
직접 만들었다

알랭 드 보통은 '우리는 행복이라는 제품을 만들 수 있는 재료와 힘을 내면에 지니고 있다. 그러면서도 기성품이 주는 행복만을 찾고 있다'라고 말했다. 변영임 씨도 동감하는 이야기다. 그는 회사에서 만난 김선영 씨와 비슷한 또래의 첫아이를 둔 탓에, 종종 아이 방을 꾸미는 데 필요한 제품 정보를 공유하곤 했다. 하루가 다르게 자라는 아이를 위해 합리적인 가격에 실용성까지 갖춘 침구가 필요했지만 마땅한 게 없었다. 그때 문득 생각했다. '우리가 만들면 어떨까?' 하고. 두 사람은 의류회사에서 쌓은 각자의 경력에 엄마들 특유의 실용적 감각을 더해 침구류 브랜드 '라라라베이비'를 창업했다. 빠른 성공이나 많은 판매를 바라지 않았기에 창업이 어려운 일은 아니었다. '아이는 엄마의 사랑을 덮는다'는 브랜드 가치를 마음에 품고서, 한 땀 한 땀 천천히 일하는 행복을 맛보는 중이다.

동업으로 시작했다. 장단점을 꼽아보면?

큰 방향성은 같지만 세밀한 취향은 서로 다르다. 제품 기획이나 제작을 할 때 틀에 갇히지 않고 다양한 시각을 가질 수 있어서 좋다. 자잘한 의견 충돌은 있지만 오랫동안 알아왔고 서로 삶의 방식과 성격을 너무도 잘 알기에 일을 진행하는 데 영향을 줄 정도로 충돌하진 않는다. 설사 충돌하더라도 마주 앉아 밥 한 끼 같이 먹으면 풀리는 부부 같은 사이다. 가장 좋은 점은 함께 일하면서 수다를 늘어놓다 보면 평소에 쌓인 스트레스가 풀린다는 것. 얼마 전 김선영 공동대표가 남편의 일 때문에 가족 모두 미국으로 이사해 기획은 같이하지만 제작과 배송 등은 혼자 처리하고 있다.

일하며 가장 즐거운 점은 무엇인가?

시제품 단계에서 오랫동안 직접 사용해보며 테스트를 거치는데, 아이가 먼저 알아보고 좋아할 때 기분이 좋다. 고객이 재구매를 할 때 힘이 나고 보람도 느낀다.

제품을 만들 때 가장 신경 쓰는 부분은?

가장 중요시하는 것이 이른바 '가성비_{가격 대비 성능비}'다. 아무리 좋은 소재로 만든 제품이어도 합리적인 가격이 아니면 나조차 구매를 꺼리니까. 두 번째는 실용성이다. 일상생활에 꼭 필요한 제품을 만들겠다는 마음가짐으로 제품을 기획하고 있다.

엄마 창업은 대부분 블로그 판매부터 시작한다. 라라라베이비는 처음부터 온라인 쇼핑몰로 출발했는데 그 이유는?

내 아이에게 롤모델이 되고 싶다는 생각으로 합법적인 절차를 거쳐 시작하고 싶었다. 블로그 판매도 사업자등록을 하고 합법적으로 할 수 있지만 그렇지 않은 일부 블로거도 있다. 그들과 차별화하고 싶었다. 라라라베이비라는 브랜드명을 정하고 바로 상표 등록을 진행한 것도 그런 이유 때문이다. 회사생활을 오래 해서 각종 절차와 법규에 민감한 탓도 있었다.

블로그나 SNS를 활발하게 운영하지 않는다. 이유가 있나?

아직은 엄마의 손길이 절대적으로 필요한 아이들을 키우고 있고 가사와 일을 병행하다 보니 홍보에 신경을 많이 쓰지 못한다. 블로그나 SNS를 하다 보면 사적인 일상을 공유하게 되는데, 둘 다 보수적인 성향이 강해서인지 그런 것에 익숙하지 않고 불편하다. 뚜렷한 홍보 계획이나 방법은 없고, 잡지의 화보 협찬이나 플리마켓 참여, 제품을 구매한 고객의 후기와 입소문의 힘을 빌리고 있다.

앞으로의 계획은?

공동 운영자가 갑작스럽게 해외로 이주해 창업 3년 만에 사업의 큰 틀을 수정해야 하는 상황이다. 사이트의 리뉴얼 작업을 진행 중이라 조만간 새로운 모습으로 선보일 예정이다. 또 고객과 편하게 소통할 수 있는 작은 오프라인 매장을 열 계획이다. 단골이 점점 늘면서 재구매율도 높아지고 있다. 고객 취향에 맞춰 제품을 커스터마이징으로 제작할 때가 많아서 고객과 편하게 소통할 수 있는 공간을 만들고 싶다.

아이템 노트

베스트 아이템
● 프티러플베딩 Petit Ruffle Bedding
손으로 곱게 잡은 겹 프릴이 포인트.
귀엽고 발랄하지만 동시에 약간은 모던한 느낌의
침구다. 아이 방의 첫 침구로 추천한다.
엄마와 세트로 사용해도 좋다.

●● 스티치태슬블랭킷 Stitch Tassel Blanket
십자 자수 스티치가 놓인 면과 곱고
세련된 색감의 이중직 거즈면으로 만들어
사계절 두루 사용할 수 있다.
낮잠용 이불이나 유모차 담요로 활용해보자.

●●● 플로라컴포터 Flora Comforter
부드러운 색감과 촉감이 조화로운 차렵이불.
은은한 꽃 패턴이 사랑스럽다.

아이템 제작기간과 비용
때에 따라 다르다. 시제품을 오래 테스트하는
편인데 보통 한두 계절 이상 직접 사용해보고
선정된 제품을 판매하며, 때로는 1년까지
테스트한다. 제품마다 제작 비용도 다른데
10만~50만 원 선이다.

창업 노트

창업 자금
약 300만 원
상표 등록, 자율안전확인 신고,
온라인 쇼핑몰 임대, 도메인 등록 등에 사용했다.
그 이후 국내외 패브릭 구매와 샘플 제작,
사무실 임대 등으로 적잖은 추가 비용이 발생했다.

창업 준비기간
약 1년
결심부터 초기 상품 라인업,
사이트 오픈까지 빠르게 진행했으나
1년 정도 걸렸고 오픈 후 1년 동안은 시행착오를
수정해나가는 데 많은 시간을 할애했다.

운영 노트

초창기 홍보
잡지에 오픈 소식을 실으면 도움이 되겠다는 막연한 생각에 〈맘&앙팡〉을 비롯해 몇몇 리빙 잡지에 제품과 엽서를 보냈다. 여러 잡지에 소개되면서 주문량이 급격히 늘었고 홍보에 많은 도움이 됐다.

운영 포인트

플리마켓에 참여했다
〈맘&앙팡〉의 엄마를 위한 마켓 '엄마꿈틀'을 비롯해 플리마켓에 여러 번 참여했다. 플리마켓은 온라인 쇼핑몰 오픈 전 시장조사를 위해 참여해봐도 좋을 만큼 사람들과 직접 소통하고 그들이 원하는 것을 파악할 수 있다. 지역상인 위주로 운영하는 플리마켓에서는 지역상권 정보까지 들을 수 있다. 각각의 플리마켓 특성에 맞게 특별 기획상품을 제작해 판매해도 좋다.

직접 사용해보고 판매한다
시제품을 만든 후 오랜 기간 직접 사용해보며 여러 테스트를 거친 후 판매한다. 사용 경험은 제품 상담 시 큰 도움이 된다. 고객의 만족도를 높이고 재구매율을 높일 수 있는 비법이다.

천천히 천천히
아이를 키우며 오래 일하고 싶어서 쇼핑몰을 천천히 키워 나가고 있다. 물건이란 사용자의 취향과 만드는 이의 취향이 만나는 것인데, 고객들의 성향도 우리와 비슷하다. 급하게 달려가지 않으니 일로 인한 스트레스도 적다.

엄마의 하루

8:00	기상
9:00	아이 등원 후 출근
10:00	주문서 확인 및 작업지시서 발주
11:00	택배 포장, 제작실 방문
15:00	유치원에서 아이 픽업
16:00	아이와 시간 보내기
21:00	다음 날 발송할 상품 확인 후 배송카드 작성, 상품 업데이트, 문의글 답변 작성 등

다음 날
1~2:00 취침

DE MINI

이름	표지윤 – 만 9세 윤재 엄마
브랜드	드미니 De Mini
제품 종류	아동복
브랜드 콘셉트	내 아이를 위해 나만 만들 수 있는 옷
URL	www.demini.co.kr

아동복 브랜드 - 드미니

표지윤

실패에서
다시 시작했다

엄마들 사이에 '드미니적인'이라는 말이 유행한다. '다른 곳에서는 살 수 없는 유니크함'을 뜻한단다. 내 아이에게 나만 만들어줄 수 있는 옷을 선물하기 위해서 '드미니'를 시작한 표지윤 씨에게는 아직도 얼떨떨한 일이다. 그는 대학에서 패션 디자인을 전공하고 이탈리아에서 패브릭 디자인을 공부했으며 패션업계에서 일했다. 꾸준히 키워온 안목이 드미니 속에 녹아 있는 것은 당연하다. 수려한 이력도 도움이 됐지만 사실 '드미니적인' 것을 탄생시킨 주역은 바로 실패 경험에 있다. 결혼 후 야심 차게 도전한 여성복 쇼핑몰이 2년 만에 문을 닫은 것. 오히려 맘을 접고 육아를 하면서 만들어 입힌 아이 옷이 엄마들 사이에서 인기를 끌었고 재창업에 도전했다. 남들은 한 번도 힘들다는 창업을 두 번이나 했다. 지금에서야 웃고 하는 이야기지만, 처음의 실패가 두 번째 성공을 만들었다.

첫 실패를 겪고도 재창업한 결정적 계기가 있나?

대학에서 패션 디자인을 전공한 후 이탈리아로 유학 가서 패브릭 디자인을 전공했다. 귀국 후 패션 컨설팅 회사에 다니면서 소재 기획과 스타일 기획 등 컨설팅 업무를 담당했는데, 그때의 경험이 사업하는 데 많은 도움이 된 것 같다. 결혼 후 여성복을 제작해서 판매했는데 첫 번째 쇼핑몰은 몇 년 유지하지 못하고 실패했다. 아이를 낳아 키우면서 자연스럽게 아동복에 관심을 갖게 됐고, 재미 삼아 블로그에 딸 윤재를 위해 직접 제작한 옷을 올리기 시작했는데 엄마들의 반응이 좋았다. 판매 문의가 많아지는 걸 보니 다시 시작해도 될 것 같았다. 결국 2010년에 재창업했다.

모든 제품을 직접 디자인하고 제작하나?

그렇다. 기획부터 배송까지 혼자 다 한다. 가장 먼저 트렌드를 분석해 시즌 제품을 기획하고 그에 맞는 소재를 찾는다. 질 좋은 제품을 제작해야 하므로 소재를 찾는 데 가장 많은 시간을 할애한다. 샘플을 만들어 피팅을 한 뒤 상품 가치가 충분하다고 판단되면 쇼핑몰에 상품을 올린다. 온라인 쇼핑몰만 운영하기 때문에 엄마들의 반응을 즉각적으로 살필 수 있다. 제품은 샘플만 만들어두고 주문이 들어온 뒤 직접 재봉틀로 하나하나 만든다. 제품 발송 처리, 고객관리나 웹 관리도 마찬가지로 모두 혼자 하고 있다.

그 많은 일을 혼자 하는 게 힘들지 않나?

흥미가 없는 일이라면 스트레스가 심하겠지만 좋아하는 일이라 즐겁다. 오히려 힘든 상황이 도전이 되고, 삶에 활력을 주기도 한다. 그때그때 기획·제작하기 때문에 나만 게으름을 피우지 않는다면 시간 낭비가 없고 재고가 쌓일 일도 없다. 오늘 기획하면 내일 바로 '신상'을 소개할 수 있는 빠른 시스템도 모든 일을 스스로 하기에 가능하다. 바쁠 때는 포장이나 기타 업무를 도와주는 사람을 쓰기도 한다. 지금은 혼자 일하지만 곧 직원을 채용해야 할 것 같다.

육아와 일을 병행하는 데 어려움은 없나?

직장에 다닐 때보다 업무 시간이 훨씬 더 길다. 하지만 출퇴근 시간의 낭비가 없고, 육아에 맞춰 스케줄을 짤 수 있고, 상황에 따라 변경할 수 있어서 더 여유롭게 느껴진다. 일하면서 아이를 학교와 학원에 데려다주는 것, 저녁 시간에 공부를 도와주고 다음 날 수업 준비물을 챙겨주는 것도 가능하다. 물론 잠자는 시간은 줄었다. 평균 7~8시간씩 잤는데 이 일을 하면서부터는 5~6시간으로 줄었다. 전업주부처럼 요리나 청소를 완벽하게 할 수는 없어서 가끔 시간제 가사도우미의 도움을 받기도 한다.

단골이 많다고 들었는데, 그 비결은 무엇인가?

다른 곳에서는 팔지 않는 제품을 살 수 있는 것, 바로 제품의 차별성이다. '내 아이에게 나만 만들어줄 수 있는 옷'이 실제로 여기에 있다. 아이가 특별해 보이길 원하는 엄마들에게 잘 어필된 것 같다. 간혹 "어디서 파는지 물어봤는데 안 가르쳐줬어요"라며 귀여운 고백을 하는 고객도 있다. 그런 마음이 정말 감사하다. 아이를 키우는 엄마가 직접 제작하는 핸드메이드 제품이라는 점 때문에 신뢰하고 찾는 사람들이 많다. 모두 직접 제작하므로 소규모 주문제작 방식을 고수할 수밖에 없는데, 재고가 쌓이지 않아 손실이 없는 것도 성공 비결이다. 성공하려면 같은 분야라도 남이 하지 않는 일, 나만 할 수 있는 일을 찾아야 한다.

매출은 얼마나 되나?

매출은 내가 얼마나 열심히 하느냐에 따라 달라진다. 몸이 아파서 신제품 업데이트 속도가 늦어지거나 제품을 소량만 선보일 때는 매출이 줄어든다. 일한 만큼 번다는 말이 맞다. 그래도 평균을 내보면 월 2000만 원 정도. 인건비 등 다른 비용이 거의 들지 않기 때문에 수익률이 높은 편이다.

패션 분야 창업을 꿈꾸는 엄마들에게 조언한다면?

패션 사업은 감각이 있어야 한다. 미적 감각, 트렌드를 읽는 눈 등 타고난 재능 말이다. 사업은 다른 사람의 감각을 빌려서 하기 어려운 일이며 자본만으로는 성공할 수 없다. 처음부터 규모가 큰 사업을 꿈꾸기보다 자신이 감당할 수 있는 범위 내에서 창의적으로 시작하는 것도 중요하다. 창의적 시작이란 내 상황에서 할 수 있는 가장 좋은 방법을 고민하는 것이다. 남들의 조언을 새겨 듣되, 틀에 얽매이는 것은 좋지 않다. 내 상황에서 가장 적합한 방법을 찾길 바란다. 내 경우엔 실패한 여성복 쇼핑몰 경험이 드미니의 밑바탕이 됐다. 그때는 촬영 도구를 모두 구입해 전문 사진작가에게 제품 촬영을 의뢰했다. 반면 드미니를 시작할 때는 촬영 스튜디오는 물론 전문가용 사진 장비도 없었다. 큰 사이즈의 이미지 배너를 출력해 제품 뒤에 두고 찍었다. 그래도 드미니의 분위기와 잘 맞아 떨어졌다. 아이디어만 있으면 비용은 얼마든지 줄일 수 있다.

아이템 노트

베스트 아이템

● **패치 JQD 재킷 Patch JQD Jacket**
신축성 좋은 자카드 원단 위에 리본 테이프, 태슬 등 화려한 패치를 더해 꾸며 화려하다.

●● **튜닉 블라우스 Tunic Blouse**
낙낙하고 하늘거리는 블라우스. 검정색 패브릭 위에 화려한 스팽글 장식을 포인트로 달았다.

●●● **블링칼라 블라우스 Bling Collar Blouse**
스팽글을 단 칼라로 포인트를 준 화이트 블라우스. 태슬을 달아 화려한 느낌을 더했다.

아이템 제작기간과 비용

소재를 보면 그에 맞는 아이디어가 떠오르므로 소재 찾는 데 많은 시간을 투자한다. 아이디어가 떠오르면 바로 샘플을 제작하며, 패턴부터 샘플 봉제, 피팅 후 수정을 모두 직접 하므로 시간과 비용의 낭비가 없는 편. 한 아이템당 샘플 제작 시간은 30분, 제작 비용은 소재 원가인 1만~2만 원 사이다.

창업 노트

창업 자금

약 400만 원
재봉틀 구입 – 200만 원.
샘플 원단비 – 100만 원.
웹사이트 제작 및 운영비 – 100만 원.

창업 준비기간

약 2개월
패션 디자인을 전공했고 패션 관련 일을 했기에 컬러와 소재 고르기, 시장조사는 일상이었다. 일러스트레이터, 포토샵 등 디자인 프로그램도 다룰 줄 알아서 별도의 준비기간이 필요하지 않았다. 결국 2개월은 해당 시즌에 판매할 샘플 제작기간이었다.

운영 노트

초창기 홍보
파워블로거의 힘이 컸다.
블로그 이웃으로 알고 지내던 몇몇의
파워블로거가 포스팅하며 갑자기 회원 수가
늘어났다. 요즘은 인스타그램 같은 SNS를 통해
새로운 고객이 유입된다.

운영 포인트
최고의 원단을 사용했다
아이 옷은 재구매율이 높으므로
제품 퀄리티가 좋아야 한다.
드미니의 제품은 가격 대비 재룟값이 높은 편으로
야드당 3만~4만 원짜리의 좋은 원단을 사용한다.
재고 부담이 없어서 가능한 일이다.
주문제작으로 생산하고 기획부터 배송까지
직접 하므로 재고가 없다.

사람들의 관심사를 파악한다
창업 전 최소 1년 정도는 블로그를 해야 한다.
고객 확보뿐 아니라 사람들의 라이프스타일을
분석할 수 있다. 라이프스타일 분석은 좋은
디자인으로 이어진다. 바쁜 시간을 쪼개
인스타그램을 하는 것도 사람들이 요즘
무엇을 먹고 보며 어딜 가는지 파악하기 위해서다.

엄마의 하루

5:00	기상, 하루 스케줄 챙기고 제품 제작
8:00	남편 출근 및 아이 등교 준비
9:00	제품 제작, 아이는 하교 후 학원 등원
17:00	제품 포장
18:00	택배 발송, 저녁식사, 아이와 함께하기

THE SHOM

이름	안윤경 – 만 3세 시진 엄마
브랜드	더숌 The Shom
제품 종류	엄마와 유아 주얼리, 유아복
브랜드 콘셉트	엄마와 아이가 함께하는 주얼리 & 시크한 키즈룩
URL	www.theshom.com

엄마 & 유아 주얼리 브랜드 – 더솜

안윤경

엄마에게
'여자'를 선물하다

아이 키우고 살림하면서 매일 블로그에 포스팅까지 하는 건 정말 쉬운 일이 아니다. 주부의 삶에는 항상 일이 산더미만큼 쌓여 있어 아이를 재우다 깜박 잠이 드는 일도 다반사다. 그럼에도 안윤경 씨에게 블로그 활동은 삶을 반짝이게 해준 진주나 마찬가지다. 결혼 전에는 주얼리 디자이너와 바리스타로, 투잡을 가진 커리어우먼이었던 그는 엄마가 된 후 육아에 전념했다. 간혹 아이가 잠든 시간을 이용해 블로그에 딸의 성장일기를 써 나갔는데 비슷한 처지의 엄마들에게 공감과 위로를 얻었다. 아이를 위해 직접 만든 미아방지 목걸이와 팔찌가 블로그를 통해 유명세를 얻게 된 것도 그즈음이다. 보답하고 싶은 마음에 육아와 가사 활동에 지친 엄마들이 그녀 자신으로 돌아갈 수 있도록, 엄마를 위한 액세서리를 만들기 시작했다. '더솜'은 아이와 엄마가 모두 행복해지는 브랜드를 꿈꾼다.

**아이가 어릴 때 일을 시작했다.
창업 결심이 쉽지 않았을 것 같은데.**

2013년 6월, 딸 시진이가 생후 16개월일 때 이 일을 시작했다. 출산과 육아로 정신없는 나날을 보내고 있을 때 가끔 다른 엄마들이 운영하는 블로그를 보면서 의문이 생겼다. 나와 비슷한 상황일 텐데 어떻게 시간을 내는지 궁금했다. 잠투정이 심하던 딸아이의 수면습관을 공들여 잡아준 뒤 아이가 오후 6시에 잠들면 나만의 시간을 가질 수 있게 되었다. 이때부터 성장일기를 기록해볼 요량으로 블로그를 시작했다가 생각보다 일찍 일로 이어졌다.

현재 더숌의 운영 방식은?

선주문 방식으로 운영하며, 디자인에 공을 들인다. '이상한 나라의 앨리스', '헨젤과 그레텔' 등 동화나 이야기에서 모티브를 얻어 제품을 디자인한다. 제품 디자인 스케치를 은공방에 가져가 샘플 작업을 맡긴 뒤 본을 뜨고 제품을 촬영해 블로그에 판매 포스팅한다. 선주문을 받은 후 개별 제작을 하는 방식이다. 특히 미아방지 제품은 이름을 각인하기 때문에 선주문 방식을 따를 수밖에 없지만 다른 제품들은 고객이 원할 때 언제든지 구입할 수 있도록 준비 중이다.

블로그 판매의 장단점은?

블로그를 통해 판매자와 고객이 서로 어떻게 사는지 지켜보고 안부도 물으며 편하게 지낼 수 있다는 점이 좋다. 특히 아이가 아프거나 급한 사정이 생겼을 때 걱정하고 응원해주는 이웃들 덕분에 위안을 얻는다. 육아와 집안일, 일까지 병행할 수 있는 점도 만족스럽다. 다만, 쇼핑몰 사이트처럼 운영 시간이나 응대 시간을 정해 놓는 것이 아니므로 새벽이나 주말에도 문의 문자가 온다. 일과 생활의 경계가 없다는 것이 불편한 점이다.

매출은 얼마나 되나?

상시 판매가 아니라 블로그를 통한 선주문 판매이므로 유동적이다. 아직 성공이라 표현하기에는 부족할 정도며 조금씩 성장하고 있다고 생각한다.

일하는 엄마가 된 이후 즐거운 변화가 있다면?

고객 대부분이 엄마들인데, 더솜 제품을 구매한 뒤 만족하고 고맙다는 후기를 볼 때 가장 즐겁다. 반지나 목걸이 하나로 엄마가 아닌 여자로 돌아갈 수 있는 특별한 경험을 안겨주고 싶었다. 무릎 나온 레깅스와 질끈 묶은 헤어스타일 대신, 예쁜 엄마로 돌아가는 거다. 아이가 생후 24개월 정도 될 때까지 엄마는 정말 힘들다. 출산으로 인한 탈모와 빠지지 않는 살 때문에 상심했는데 주얼리 액세서리를 만들면서, 엄마가 아닌 여자로서 다시 한 번 돌아보는 계기가 되었다.

베스트 아이템

● **미아방지용 아이템 1**
더솜을 있게 해준 미아방지 아이템 첫 번째 시리즈.
레이스, 마스크, 별, 번개 모양으로 디자인했으며
제일 애정 가는 아이템이다.
아직도 판매 문의가 끊이지 않는다.

●● **미아방지용 아이템 2**
'이상한 나라 앨리스'에서 모티브를 얻어 만든
미아방지 아이템. 동화 속 주인공이 된 듯한
상상력을 불러일으킨다.

●●● **킹덤에디션 Kingdom Edition**
'천사가 나에게 준 보석'이란 콘셉트로 만들었다.
볼드한 디자인으로 '엣지' 있는 엄마들을 위한
스타일링 아이템이다.

●●●● **오디너리 이어링 Ordinary Earring**
모던하면서도 에스닉한 느낌의 귀걸이.
어반룩에 잘 어울린다.

●●●●● **컷아웃 원피스 Cutout One-piece**
여름 아이템으로 인기를 끌었다.
옆 선의 커팅이 독특해 어디서나 주목받는다.

아이템 제작기간과 비용

아동복은 평균 1~2개월 정도가 걸리고
수정이 많으면 2~3개월까지도 소요된다.
주얼리 샘플 비용은 하나당 20만~30만 원 정도.
아동복은 한 시즌 기준으로 패턴비, 샘플비 등이
150만 원 이상 든다.

창업 자금

약 280만 원
웹사이트 제작 – 50만 원,
신제품 디자인 원본 제작 – 20만~30만 원,
아동복 패턴 및 샘플 제작 – 100만 원,
패키지 비용 – 100만 원.

창업 준비기간

약 3개월
육아 블로그에서 자연스럽게 판매를 시작한
케이스다. 모든 과정을 모니터해주는 지인이 있어
시행착오를 줄일 수 있었고, 창업을 결심한 후
3개월 만에 오픈할 수 있었다.

운영 노트

초창기 홍보
미아방지 아이템 라인을 구축하고 판매가 늘었다.
맘에 드는 제품이 없어서 직접 만들었는데
엄마들의 마음과 통한 것 같다.

운영 포인트
고객 만족이 최고의 홍보다
선주문 방식으로 판매하므로 고객이 2~3주씩
기다릴 때도 있다. 신뢰가 없으면 불가능한 일이다.
고객이 만족해야 입소문이 난다는 생각으로
고객과 신뢰를 쌓기 위해 노력한다.

소소한 일상을 공유한다
블로그를 통해 나와 아이의 일상을 오픈했다.
블로그 이웃 간에 공감대가 형성되어 편하게
소통할 수 있었고 자연스럽게 신뢰가 쌓였다.

친절과 속도가 힘이다
문제가 생겼을 때 최대한 친절하고 빠르게 응대한다.

엄마의 하루

7:00	남편 출근
8:00	기상
9:00	아이 어린이집에 바래다주기
10:00	거래처 방문, 디자인, 택배 포장 등 업무
16:00	어린이집에서 아이 픽업
17:00	아이와 함께하기, 남편 퇴근 후 저녁식사, 아이 재우기
22:00	블로그 활동 및 업무 정리, 다음 날 스케줄과 할 일 체크, 집안일

HEYUM HANBOK

이름	김혜진 – 만 5세 민하 엄마
브랜드	혜윰한복 Heyum Hanbok
제품 종류	어른 한복, 아이 한복
브랜드 콘셉트	헤아리고 생각하는 한복
URL	www.heyum.co.kr

한복 브랜드 – 헤윰한복

김혜진

같은 직종에서
새로운 일을 찾았다

성인이 된 후로 김혜진 씨는 늘 옷을 만들며 살았다. 어시스턴트부터 시작해 연극과 뮤지컬을 오가며 무대의상을 배우고 경험을 채워 무대의상 디자이너로 이름이 알려질 무렵 결혼했다. 엄마가 된 후, 다시 옷 만드는 일로 회귀했다. 이번엔 한복이었다. 늘 하던 일이지만 옷을 짓는 일이 생애 처음인 양 엄한 스승 밑에서 오래도록 전통 바느질을 익히고 침선을 배워 성북동 자락에 한복가게를 열었다. 사실 김혜진 씨에게 옷을 만드는 일은 손으로 하는 일이 아닌 마음으로 헤아리는 일이다. 무대 뒤에서는 배우의 상황과 극의 흐름을 헤아려 옷을 만들었고, 한복을 짓는 요즘은 한복에 담겨 있는 아름다움을 헤아리고, 고객의 취향을 헤아린다. '헤윰'이란 이름에도 '헤아리다'라는 우리말이 숨어 있다.

무대의상 디자이너로 활동하다 한복가게를 열게 된 이유는?

무대의상은 극에 맞게 만들어야 한다. 배우가 옷을 빨리 갈아입고 나가야 하거나 뜨거운 조명 아래 옷을 몇 겹씩 껴입거나, 무대에서 옷을 찢는 상황도 생긴다. 상황이 모두 다르므로 무대의상은 고려해야 할 점이 많다. 무엇보다 배우들이 연기하는 데 거슬리거나 불편하면 안 되므로 편안함이 최우선이다. 언젠가 영화 '왕의 남자'의 원작인 연극 '이爾'에 참여하며 한복을 만들었는데 내가 한복 선의 아름다움에 대해 잘 모르고 있다는 생각이 들었다. 한복을 알고 싶어서 배우기 시작했고, 배우다 보니 색과 선의 매력에 푹 빠졌다. 사실 나도 내가 한복 디자이너가 될 줄은 꿈에도 몰랐다.

한복 깃에 레이스를 넣고, 꽃무늬 패턴을 사용하는 등 디자인이 파격적이다.

우리 전통옷인 한복을 변형해선 안 된다고 생각하는 분들도 있다. 전통을 고증하는 것에도 의미가 있지만 나처럼 새로운 디자인을 선보이는 것도 나름의 의미가 있다. 새로운 것을 추구하지만 타협하지 않는 한 가지는 한복의 '선'이다. 선 하나의 기울기만 달라져도 맵시가 달라진다. 많은 한복 디자이너가 선의 아름다움을 위해 바느질 전문가에게 제작을 의뢰하지만, 아름다움에 대한 디자이너의 주관이 담기지 않으면 옷이 달라진다. 디자이너가 예민하게 아름다운 선이 무엇인지 알고 그 선을 만들 수 있어야 한다는 신념이 있다. 그래서 기본부터 제대로 배웠고 직접 다 만드는 경우가 많다.

이미 디자이너였는데 한복 만드는 과정을 7년이나 배운 이유는?

한복 만드는 장인 밑에서 바느질을 배우고 단국대학교 전통복식과정을 수료했다. 박물관 단기 프로그램도 찾아다니며 배웠다. 특히 무덤에서 나온 출토복식을 똑같이 복제하는 수업을 통해 전통옷의 기본을 이해했다. 공부해보니 옷에는 시대가 담겨 있다. 조선시대에는 아주 짧은 길이의 저고리가 유행했는데 여인들의 겨드랑이 살이 훤히 보이는 것을 보고 선교사들이 지금의 조끼허리 스타일의 치마를 고안해냈다고 한다. 실기를 익혔으니 이론을 배우고 싶어서 대학원에 진학했고 8월 말에 졸업했다. 이렇게 7년 동안 배우며 기본기를 쌓고 나니, 옷에 대한 두려움이 사라졌다. 응용할 때도 자신감이 생겼다. 육아와 병행하느라 배우는 시간이 길었지만, 평생 하고 싶은 일이기에 기본기를 탄탄하게 쌓는 것이 당연하다고 생각한다. '저 진짜 잘해요'가 진심일 수 있게.

어떤 순간 가장 행복한가?

처음에는 한복에 관심 없던 분들이 완성품을 보고 '한복 맞추길 잘했다', '옷장에서 볼 때마다 기분이 좋다'라고 하실 때 보람을 느낀다. 무대의상은 고급스러움을 추구하기보다 정해진 예산과 시간, 현장 상황에 맞춰 일 잘하는 디자이너를 원한다. 시스템과 타협하거나 이유 없이 옷을 만들게 되는데 그런 상황에서 오는 답답함이 있었다. 한복은 일생에 한 번 맞출까 말까 한 옷이다. 한복을 만드는 사람은 값비싼 일회용 옷을 만들지 않겠다는 각오가 있어야 한다. 몇 번이라도 더 입을 수 있게, 나의 옷을 통해 전통옷에 관심 가지게 하고 싶다. 가장 행복한 것은 딸 민하가 엄마 일을 좋아한다는 것이다. 무대의상은 밤샘 작업의 연장인데, 지금은 아이를 떼놓지 않고 함께하며 일할 수 있다. 애착이 형성되는 시기를 아이와 함께 보낸 것이 가장 잘한 일이라고 생각한다.

패션 분야 창업을 꿈꾸는 엄마들에게 당부하고 싶은 것.

옷을 공부하며 실감했다. 실력이 충분한데 알려지지 않은 고수가 있고, 실력보다 더 유명해진 사람도 있다. 창업할 때는 그 분야에서 나의 상품가치를 높여야 한다. 한복가게를 하고 싶다면 기성복을 많이 알아두는 것도 도움된다. 남과 같은 깃을 해서는 경쟁력이 없다. 한복에 잘 쓰이지 않는 원단과 소재에서 아이템을 얻고 나만의 스타일로 재창조해야 한다. 새로운 것은 시장에 금세 퍼지기 마련이므로 디자인등록을 해놓는 것도 좋은 방법이다. 분명한 건 생각만 한다고 얻는 것은 없다는 사실이다. 설사 창업하고 실패하더라도 배우는 것이 있고, 그 안에서 다시 해결점을 발견하게 된다.

아이템 노트

베스트 아이템
● **분홍 저고리**
분홍색 문양이 나염된 면으로 만든 여자아이 저고리다. 레이스로 동정을 달아 사랑스러운 느낌을 더했다. 고름은 잘 풀어지지 않도록 묶어 고정했다.

●● **호건**
눈썹, 눈, 수염, 이빨, 귀 등을 수놓아 호랑이를 표현했다. 명절이나 생일 때 양반가의 자제가 쓰던 모자로 5~6세 정도까지 착용한다. 아이가 씩씩하게 자라기를 기원하는 마음으로 씌웠다 한다.

●●● **동다리**
동다리는 몸판과 소매의 색과 소재가 다르므로 여러 겹을 입기 싫어하는 아이들에게 좋은 아이템이다. 몸판에는 파란색 꽃무늬 면을, 소매에는 한복소재인 모본단을 이용하여 고급스러움을 표현했다.

아이템 제작기간과 비용
어떤 디자인은 며칠 만에 완성하고, 어떤 디자인은 한 달을 매달린다. 보통 손님옷은 한 달 정도 기한을 잡고 만든다. 원단 염색부터 하는 경우도 있으므로 시간이 넉넉히 필요하다. 소재나 장신구에 따라 샘플 하나 만드는 비용도 극과 극이다. 면이나 합성 섬유로 만들 때는 원단값이 크지 않지만 실크로 만들면 원단부터 몇십만 원이 들고, 한 땀 한 땀 수작업하므로 작업 비용은 공장과는 비교할 수가 없다.

창업 노트

창업 자금
약 1100만 원
보증금 – 500만 원,
재봉틀 구입 – 150만 원,
테이블 구입 및 기타 – 50만 원,
원단과 부자재 – 300만 원,
인테리어 DIY 비용 – 100만 원.

창업 준비기간
무대의상 디자인을 할 때 사업자등록을 해두어 준비기간이 오래 걸리지 않았다. 모든 것을 갖추어 시작하기보다 필요한 것이 있을 때 보충해나갔다.

운영 노트

초창기 홍보
한 명 한 명씩 고객이 늘었다. 한 사람을 소개받으면 정말 최선을 다해 '세상에 하나밖에 없는 한복'을 맞춰 드렸다. 또 한복 DIY 클래스가 〈맘&앙팡〉 DIY 코너에 소개된 적이 있는데 그 뒤로 문의가 많아졌고 배우러 오는 고객도 늘었디.

운영 포인트
사명감을 담았다
한복이 정말 아름다운 옷이고 소장하고 싶은 옷으로 기억되기를 바라는 마음을 담아 정성 들여 짓는다. 결혼식이나 돌잔치 등 행사의 예복으로 입는 한복의 특성을 살려 다른 파티에서도 입을 수 있는 디자인을 제시하려고 노력 중이다.

DIY 수업이 신뢰도를 높였다
매주 금요일에 아이의 첫 한복을 엄마가 직접 만드는 DIY 클래스를 열고 있다. 먼 지역에서 아이 업고 오는 엄마들이 있을 정도로 인기 있다. 배우는 과정에서 신뢰도가 쌓여 고객을 소개해주기도 한다.

엄마의 하루

7:00	기상
9:00	아이 유치원에 바래다주기
10:00	거래처 방문, 손님 상담, 옷 제작, 샘플 제작, 한복 강의 등의 업무
18:00	유치원에서 아이 픽업
22:00	아이 재우기
23:00	블로그 활동

FREEBIE

이름 왼쪽부터	박미연 – 생후 30개월 하린 엄마,
	박영은 – 만 4세 현우, 생후 17개월 우진 엄마,
	황보나 – 만 3세 건형 엄마
브랜드	프리비 Freebie
제품 종류	유아복, 패밀리룩
브랜드 콘셉트	가족의 기쁨을 만들어가는 패밀리룩
URL	freebie.co.kr

유아복 & 패밀리룩 브랜드 – 프리비

박미연, 박영은, 황보나

십년지기 회사 동료들이
뭉쳤다

회사 동료로 만나 10년 동안 우정을 이어온 삼총사가 다시 뭉쳤다. 의류회사에서 여성복, 남성복 디자이너로 활동했기에 디자인만큼은 자신 있던 세 엄마가 패밀리룩 쇼핑몰 '프리비'로 의기투합한 것. 스타일도 성격도 각기 다른 친구들과 창업이라니, 주변에서는 응원보다 우려의 목소리가 컸다. 긍정적인 삼총사는 도리어 차이가 서로의 부족한 부분을 채워줄 것으로 생각했다. 실제로 창업하고 보니 '심플', '러블리', '시크'로 대변되는 저마다의 스타일 감각이 시너지를 일으키고 있다. 샘플이 나오면 세 대표가 각자 테스트한 후 모두 'OK' 해야만 판매용 상품이 되는 '3단계 품질 인증제'도 프리비를 단기간에 성장시킨 원동력이다. 무엇보다 눈 뜨면 가야 할 작업실이 있고, 기다리는 친구가 있다는 사실에 세 엄마는 하루하루 뜨겁게 설렌다.

세 사람의 동업이란 점이 특이하다.
동업을 위해 특별히 준비한 것은?

주변에서 걱정을 많이 했다. 나중에 문제가 생기지 않도록 동업계약서를 만들고, 각자 역할을 명확하게 분담했다. 육아하는 엄마들인 만큼 시간을 효율적으로 조율해 작업실 출근과 아이 돌보는 일을 병행하는 데 어려움이 없도록 서로 배려하고 있다. 작업실에 모이기 어려운 날에는 아이들을 재운 뒤 채팅방에서 만나 필요한 회의를 하고 의견을 나눈다.

모두 디자이너 출신이라 쇼핑몰 오픈까지 순탄했을 것 같다.

공장을 선정하고 거래를 시작하는 일부터 쉽지 않았다. 패턴실, 재단실 등을 잘못 골라 초기자본을 낭비하는 시행착오도 겪었다. 대기업 브랜드 공장과는 제작 조건도 다르고, 개인 사업자이다 보니 신뢰를 쌓을 시간이 필요했다. 홍보나 마케팅이 가장 어려운데, 블로그나 쇼핑몰, SNS 운영이 모두 처음이라 어떻게 해야 소비자의 마음을 얻을 수 있을지 늘 고민한다.

작업 과정이 궁금하다.

셋이다 보니 아이디어가 다양하다. 첫 번째 과정은 트렌드와 시즌에 적합한 디자인을 모아 서로 의견을 나누는 브레인스토밍과 맵 작업이다. 이 과정에서 여섯 가지 정도 디자인을 선택하고 각자 스타일에 맞게 두 개의 디자인을 배당한다. 취향이 서로 다른 편인데, 박영은 대표는 보이시한 캐주얼에, 황보나 대표는 심플하면서도 여성미가 드러나는 스타일에, 박미연 대표는 시크한 스타일에 일가견이 있다. 각자 맡은 디자인을 발전시킨 뒤 가봉은 모두 함께한다. 샘플이 완성되면 아이들에게 입혀보고 활동성은 괜찮은지, 보완할 점은 없는지 등을 체크하고 주변 지인들의 피드백도 취합한다. 세 명의 대표가 모두 'OK'라고 판단하면 바로 새로운 아이템으로 출시한다.

프리비를 운영하며 가장 중요하게 생각하는 것은?

첫째는 좋은 퀄리티를 유지하는 것이다. 좋은 소재의 원단은 기본이며 봉제 과정도 꼼꼼하게 체크한다. 두 번째는 좋은 제품을 최대한 합리적인 가격으로 제공하는 것이다. 프리비라는 이름처럼, 우리 옷이 육아에 지친 엄마에게 선물 같은 존재가 되길 바란다. 엄마가 옷을 고르며 즐거운 상상을 하고, 그 옷을 받아보았을 때 기분 좋길 바란다. 또 '티셔츠 하나라도 사입은 하지 말자'는 것이 우리의 원칙이다. 순수한 우리 디자인, 톡톡 튀는 우리 스타일로 만든 옷만 선보이고 싶다.

일을 시작한 후 즐거운 변화가 있다면?

회사생활을 할 때보다 몇 배는 더 즐겁고 뿌듯하다. 특히 아침에 가야 할 작업실이 있고 해야 할 일이 있다는 것이 설렌다. 아이를 위해 만들어주고 싶은 아이템이 너무 많고, 어른 옷만 디자인하다가 아이 옷을 디자인하니 새롭고 재미있다.

앞으로의 계획은?

5월에 광교의 쇼핑몰인 아브뉴프랑 '엣코너'에 입점했다. 또 올해 안에 의류 아이템 외에 아이 신발, 침구, 리빙소품까지 아이템을 확장할 계획이다. 작업실 옆에 작은 쇼룸을 만들었지만 여유롭고 한적한 동네에 더 큰 쇼룸을 만드는 것도 목표다.

창업을 꿈꾸는 엄마들에게 조언한다면?

선뜻 용기가 나지 않는다면 마음이 맞는 사람과의 동업을 추천한다. 특히 육아하는 엄마들끼리는 서로 배려해줄 수 있고, 각자의 에너지가 더해져 시너지 효과를 낼 수도 있다. 역할 분담을 하고 부족한 부분을 보완할 수 있다는 것도 동업의 장점이다. 좀 더 적극적으로, 공격적으로 새로운 일을 시작해보길 바란다. 무엇보다 자신감을 되찾을 수 있다.

아이템 노트

베스트 아이템

● **깃털 프린트 원피스**
엄마와 아이가 커플룩으로 입을 수 있다.
도톰한 원단에 프리비만의 특별한 프린트를 더했다.
깃털 목걸이와 세트상품으로 엄마는 그레이 컬러,
아이는 와인 컬러의 깃털 목걸이를 착용할 수 있다.

●● **부엉이 카디건**
자카드 소재로 짠 니트 카디건. 여자아이는 핫핑크,
남자아이는 블루 컬러로 옷깃에 포인트를 주었다.
엄마와 아이가 커플로 입을 수 있으며 엄마 옷은
무릎 밑까지 내려오게 디자인해 편하게 입을
수 있도록 했다.

●●● **프리비 맨투맨**
면 100% 원단에 프리비 특유의 프린트 기법으로
완성한 맨투맨. 패밀리룩, 커플룩으로 인기 있다.

아이템 제작기간과 비용
평균 2주 정도 소요된다. 샘플 비용은 아이템마다
편차가 크지만 평균 6만 원 선. 아우터의 경우
샘플 비용이 10만 원을 웃돈다.

창업 노트

창업 자금
약 2100만 원 – 1인당 700만 원
원단과 부자재 구입 – 200만 원.
샘플비 – 100만 원.
공장 생산비 – 400만 원.
작업실 임대료 및 인테리어 비용.
사이트 오픈과 1차 판매 제품 생산까지 모두
모은 자금으로 해결했다.
오프라인 쇼핑몰 입점은 추가 비용이 들었다.

창업 준비기간
약 3개월
동업을 결정한 것은 오픈 6개월 전이었고,
사무실을 구하고 사업자등록과 홈페이지 제작,
패턴실과 샘플실 생산공장 라인업 구축 등
본격적인 준비를 하는 데 3~4개월이 걸렸다.

운영 노트

초창기 홍보
〈맘&앙팡〉에 실린 인터뷰과 함께 블로그, SNS 활동 등이 알려지며 고객이 천천히 늘었고 오프라인 매장 입점 후에는 크게 늘었다. 또 포인트 적립 이벤트나 사은품 증정 행사 등 고객이 옷을 구입하며 기쁨을 느낄 수 있는 다양한 방법을 고민했다.

운영 포인트
블로그와 사이트를 활성화했다
댓글이나 질문글에 알람을 설정해놓고 빨리빨리 답변한다.
사은행사나 업데이트를 자주 하는 것도 좋다.
인스타그램이나 카카오스토리 등의 SNS를 통해서도 해시태그(#)를 걸어 부지런히 홍보한다.

디자인 감각을 키운다
시즌별 패션 컬렉션을 꾸준히 본다. 국내외 패션지, 육아지와 일러스트 서적도 많이 보고, 미술 전시도 부지런히 찾아다닌다. 시장조사 차원에서 국내외 유아복 브랜드 사이트도 샅샅이 살펴본다.

오픈 전부터 온라인 활동을 열심히 했다
블로그, SNS 등을 활발하게 운영해 미리 콘텐츠를 쌓아두고 많은 사람과 교류하는 것이 좋다.

엄마의 하루

7:00	기상
8:00	아침상 차리고 남편 출근 시키기
9:30	아이 어린이집 바래다주기
10:30	사무실에 모여 회의
12:00	동대문 시장에서 원단 스와치와 부자재 찾기
14:00	샘플실과 공장 방문 및 옷 제작
15:00	가봉
15:30	어린이집에서 아이 픽업
22:00	카카오톡으로 오늘 한 일 정리 및 내일 할 일 회의, 사이트 및 블로그 정비

※ 주요 일정을 중심으로 정리한 세 대표의 평균 일과

HOW KIDSFUL

이름	방수형 – 만 4세 주호 엄마
브랜드	하우키즈풀 How Kidsful
제품 종류	포스터, 엽서, 키 재기 등
브랜드 콘셉트	By mom, With baby, Donation
URL	www.howkidsful.com, blog.naver.com/bbwwmm

놀이·교육용품 브랜드 – 하우키즈풀

방수형

뒤늦게 전공을
활용했다

어떤 기회는 한발 늦게 당도한다. 문화센터나 놀이터에서 나눠주는 교육용 포스터를 받아볼 때마다 '더 예쁘게 디자인하면 좋을 텐데' 하고 아쉬움을 느꼈던 방수형 씨의 이야기다. 대학에서 디자인을 전공했지만 전혀 상관없는 직업을 가졌고 그마저 출산과 육아로 3년간의 공백기를 갖던 무렵이었다. 새로운 도전을 해야겠다는 결심이 섰을 때, 전공도 되살릴 수 있고 아이를 위한 제품 중에서 쉽게 만들 수 있는 아이템을 고민해봤다. 그러다 포스터가 떠올랐다. 아이 방을 꾸밀 때, 아이가 숫자며 글자에 관심 가지기 시작할 때, 어김없이 사게 되는 제품이다. 하지만 막상 살 때마다 디자인이 조금씩 아쉬웠다. 교육적인데 예쁘기까지 한 포스터, 방수형 씨라면 잘 만들 수 있을 것 같았다. 일단 남편이 투자한 100만 원을 종잣돈 삼고 샘플을 디자인해 충무로의 인쇄소를 돌아다니며 거래처를 찾았다. 2014년 1월, 드디어 '하우키즈풀'이 오픈했다. 덕분에 우리는 감성적인 디자인의 포스터로 아이 방을 장식할 수 있게 됐다.

작업 과정이 궁금하다.

포스터를 만드는 과정은 매우 간단하다. 디자인하고 출력소에 맡겨 출력하면 끝이다. 물론 완성도 높은 제품을 만들기 위해서라면 각 과정에서 신경 써야 할 일이 많다. 내 경우, 친환경 종이 출력이 가능한 인쇄소를 찾기 위해 발품을 팔았다. 하우키즈풀에서 만들고 있는 나무 소품은 종이 포스터보다 만드는 과정이 복잡한데, 디자인을 들고서 동네 공방을 찾아다니며 샘플을 제작했다. 샘플을 보고 사이즈를 정확히 하는 정밀작업에 들어간다. 제작기간이 길 뿐 아니라 재료비나 제작비도 높은 편이다. 제작 수량이 많지 않을 때는 제작업체에서 탐탁지 않아 하므로 어려움을 겪을 수 있다. 하지만 재주문이 늘어나면 거꾸로 업체에서 새로운 디자인을 제안해오기도 한다.

일을 시작한 뒤 가장 힘들었던 점은?

처음에는 남편마저 "이걸 누가 사겠어?"라며 의심했다. 단순한 아이템이라 가격이 합리적이지 않다고 생각했던 것 같다. 남편을 비롯해 가까운 사람들에게 인정받지 못했을 때 속상했다. 물론 지금은 함께 택배 포장까지 해주는 든든한 지원군이다. 또 집에서 작업하다 보니 일과 집안일을 분리하기가 어려웠다. 밤에 집중해서 일하다가도 아이가 깨거나 울면 돌봐야 한다. 물론 이건 장점일 수도 있다.

자기 일을 시작한 후 즐거운 변화가 있다면?

엄마들이나 이웃 블로거들과 소통이 활발해졌다. 있는 그대로의 모습에 많이 공감하고 응원해주는 그들과의 소통이 즐겁다. 컬래버레이션 작업도 매우 흥미로운데 일러스트레이터 친구와 합작품을 만들거나 재능기부로 러그를 디자인한 적도 있다. 또 새로운 디자인과 물건 제작은 늘 새로운 즐거움을 준다. 힘든 만큼 통장 잔고가 늘어나는 것도 즐겁다.

하우키즈풀을 운영하며 가장 중요하게 여기는 가치는?

'엄마가 만들고 아이가 즐기는, 자연을 사랑하고 이웃과 나누는 브랜드'여야 한다는 것. 아이가 안전하게 가지고 놀 수 있는 제품을 만들되 자연을 위해 재활용이 가능하도록 제작하며, 수익의 5%는 기부하는 것을 원칙으로 삼는다. 내가 엄마라는 이름으로 다시 일하는 이유와 목적이 그렇다.

고객들의 마음을 어떻게 사로잡았나?

가만히 있으면 아무도 알아주지 않는다고 생각했다. 블로그를 더 열심히 했고, 내가 만든 제품을 다른 블로거들에게 보내고 피드백을 기다렸다. 손편지도 쓰고, 다른 제품을 판매하는 블로거들의 다양한 의견도 듣고 수렴했다. 〈맘&앙팡〉에서 주최한 마켓 '엄마꿈틀'을 찾아 셀러들에게 제품을 돌리기도 했다. 그러다 알게 된 인테리어 분야 셀러의 제안으로 '서울 리빙디자인페어'에도 참여했다. 많은 엄마들이 긍정적인 반응을 보였고, 현장구매도 많이 이루어졌다. 리빙디자인페어를 통해 더 큰 시장을 보게 됐달까. 좀 더 전문적으로 브랜드를 키워보고 싶은 욕심이 생겼다.

다음 아이템이 궁금하다.

첫 아이템은 포스터였지만 하우키즈풀을 오픈할 때부터 목표한 것은 '페이퍼 플레이 Paper Play' 영역이다. 매트 위에 빌딩 쌓기 등 아이들이 가지고 놀 수 있는 친환경 종이 제품을 만들 생각이다. 아이들은 금방 자라는데 수많은 장난감을 샀다가 버리는 게 쓸데없는 소비처럼 여겨졌다. 종이로 만든 제품이라면 가격이 더 저렴해지고 재활용도 할 수 있으니 모두에게 좋은 셈이다.

창업하고 싶지만 용기를 내지 못하는 엄마들에게 한마디.

창업이라고 모든 것을 갖추고 시작하란 법은 없다. 가치와 방향만 뚜렷하게 정하면 누구나 시작할 수 있다고 생각한다. 엄마로서 겪는 저마다의 경험이 있고, 그 이야기가 녹아든 제품은 자연스럽게 가치도 커진다. 나만 하더라도 그렇다. 창업 초기에 겪은 고생이 이제는 무엇과도 바꿀 수 없는 추억이 됐다.

아이템 노트

베스트 아이템
● 레인보우차트 Rainbow Chart
다양한 컬러와 심플한 이미지로 문자에
집중할 수 있도록 만든 교육용 포스터.
사이즈는 A3와 A2 두 가지이며 모두
한글 · 알파벳 · 숫자까지 3장 세트로 구성돼 있다.

●● 헬로! 애니멀포스터 Hello! Animal Poster
수채화 톤으로 직접 하나하나 손으로 그려낸
동물 친구들. 동물 이름을 기재해 놓아
교육용으로 쓸 수도 있고 디자인이 예뻐
인테리어 장식으로도 좋다.

●●● 키재기 노트 Child Growing Moment
어린 시절을 회상할 수 있는 메모리 노트 겸
키재기 노트. 키를 재고 메모하는 부분을
아코디언처럼 접는 식으로 디자인해 보관하기 쉽다.

아이템 제작기간과 비용
1~6개월까지 아이템마다 다르다.
비용도 제각각인데 기본 디자인에 기능성
후가공을 더 한 제품이면 개별 단가가 높아진다.
한 번 제작할 때 간단한 아이템은 100만 원 내외,
큰 아이템은 1000만 원을 넘기도 한다.

창업 노트

창업 자금
100만 원
디자인은 직접하므로
전부 출력과 종이 비용으로 썼다.

창업 준비기간
전공을 살려 시작한 일이라
긴 기간이 필요하지 않았다.
다만 시장조사를 하고 실무를 직접 하기까지
경험 부족으로 인한 시행착오가 있었고
같은 분야에서 10년 정도 일한 친구에게
많은 조언을 얻었다.

운영 노트

초창기 홍보
늘 구경꾼처럼 블로그를 하다가
창업을 결심하면서 적극적으로 운영했다.
'팬심'으로 보아왔던 파워 블로거에게
제품을 보내면서 자연스런 리뷰를 부탁했다.
이후 문의가 꾸준히 증가했고 관심도 높아졌다.

운영 포인트
한결같이 품질을 유지한다
제품의 품질이 달라지면 고객이 먼저 눈치챈다.

역지사지가 답이다
아이를 키우며 일하다 보면 실시간 응대가
어려울 때가 많다. 늦어진 배송 재촉에는
원하던 물건을 늦게 받았을 때의 기억을
떠올리며 이해하려 노력한다. 신뢰를 쌓는
가장 빠르고 명확한 방법이다.

희소가치가 높은 시즌성 제품을 만든다
크리스마스 한정판이나 스페셜 제품을
단기간 동안 판매하면 희소가치가 높아져 더
인기를 끈다.

엄마의 하루

7:00	기상
8:30	아이 유치원 등원
9:00	집안일과 청소
10:00	택배 포장
12:00	점심
13:30	블로그 활동
15:30	아이 픽업, 아이와 함께하기
18:00	저녁식사 준비, 저녁식사
21:00	아이 재우기
21:30	블로그 활동, 상품 제작과 그 외 업무
00:00	취침

작은 노하우

도움이 된 사이트
프랑스의 패브릭디자인
브랜드 듀즈 Deuz, www.deuz.biz
페이퍼디자인 브랜드
키즈온루프 Kids on Roof, www.studioroof.com 등의
사이트를 살폈다. 해외 디자인사이트, 편집숍,
아이용 소품숍도 들여다보고 디자인 서적도
많이 본다.

블로그 & SNS 운영 방법
같은 제품도 매달 재촬영해 올린다
상황과 분위기가 달라지면 같은 제품도
다른 느낌을 만들어낸다.
촬영은 직접 할 때도 있고
느낌과 분위기가 좋은 블로거에게
제품을 제공하고 부탁할 때도 있다.

인스타그램 리그램을 활용한다
일정 기간을 정해 판매하는 '포스터데이' 기간에는
구매 시 블로그 공유나, 인스타그램 리그램으로
홍보할 경우 할인해준다. 고객은 할인을 받고
하우키즈풀은 홍보가 된다.

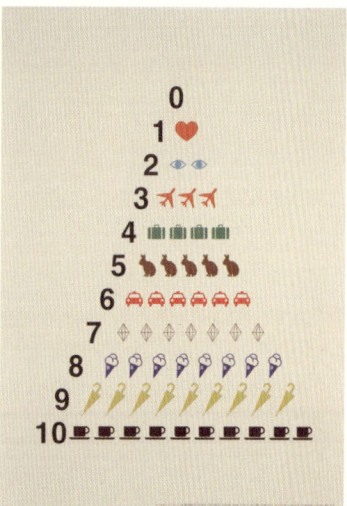

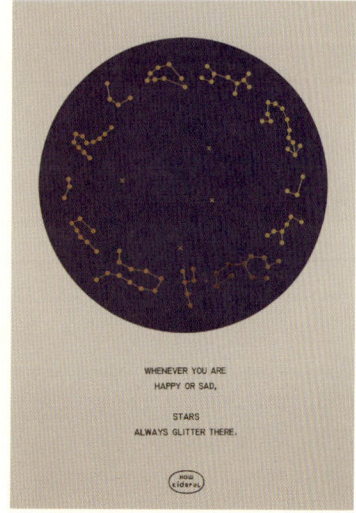

STORY
02

생활에서 재능을 발견한 엄마들

그로우온유
김온유
•
수아비
허아람
•
빛홈
진은영
•
더아인스
백성은
•
코노키즈
문선미
•
더마마
조하진
•
호이티
김은아

"

아이는 엄마에게 끊임없이
영감을 주는 존재다.
육아활동 중에도 불현듯 아이디어가
찾아오곤 한다.

"

GROW ON YOU

이름	김온유 - 만 5세 시온, 생후 18개월 이든 엄마
브랜드	그로우온유 Grow on You
제품 종류	리빙소품
브랜드 콘셉트	마음을 움직이고 공간을 채우는 리빙디자인
URL	www.growonyou.co.kr, lovelyonyu.blog.me

리빙소품 브랜드 – 그로우온유

김온유

육아에서
창업 아이디어를 발견하다

둘째 아이가 백일이 될 무렵, 놀이터에서 아이 그네를 밀어주던 김온유 씨는 자신의 바람을 행동으로 옮기기로 했다. 원해서 전업주부가 되었고, 육아가 가치 있는 일이라 확신했지만 엄마의 삶은 건조하고 단조로웠다. 《집에서 일하는 엄마》(부즈펌)라는 책을 읽고 내 일을 찾고 싶다는 생각이 간절해졌고, 남편도 응원을 보냈다. 결혼 전 바쁘게 일하던 시절이 그리워지곤 했다. 마음을 먹으니 모든 일이 빠르게 진행됐다. 가장 중요한 아이템은 육아 중 눈여겨봤거나 필요하다고 생각했던 것으로 좁혀졌다. 첫 제품은 3D 프린터로 만든 쿠키커터, 그다음은 아이 그림에서 아이디어를 얻은 액자였다. 세 번째로 출시한 것이 이제 알 만한 사람은 다 안다는 '그로우온유'의 대표 상품 페이퍼백이다. 육아와 살림의 가장 큰 과제인 효율적 수납을 위해 김온유 씨가 고안해낸 비장의 아이템이다.

오픈한 지 1년여 만에 벌써 유명해졌다.

그로우온유를 시작하고 두 달 정도 후에 〈맘&앙팡〉에서 주최한 마켓 '엄마꿈틀'에 참여하게 됐다. 아이템이 많지 않지만 그중에서 페이퍼백의 반응이 매우 좋았다. 행사를 통해 블로그 이웃이 늘었고, 그때 인연 맺은 엄마들과 함께 마켓을 열기도 했다. 지금도 블로그와 〈맘&앙팡〉 온라인 숍에서 판매를 병행하고 있다. 우연히 참여한 엄마꿈틀이 그로우온유가 점프할 수 있는 계기를 마련해주었다.

베스트 아이템인 페이퍼백은 어떻게 탄생했나?

아이템 선정을 위해 많은 자료를 수집했다. 아이 키우는 엄마로서 수납을 고민하다 떠올린 것이 종이 수납함인 페이퍼백이다. 평소에 예쁘다고 생각했던 프랑스 편집숍 메르시Merci가 만든 페이퍼백을 구입해 만져보고 뜯어보며 더 실용적이고 더 예쁘게 만들 방법을 고민했다. 그 후엔 두 달 정도 공장을 찾아다니며 제작업체를 찾기 위해 발품을 팔았다. 대부분의 공장이 대량생산을 조건으로 내걸기 때문에 원하는 수량만큼 제작해줄 업체를 찾기 힘들었다. 품질 좋은 페이퍼백을 만들고 싶어 고민하고 또 고민했다. 종이백 내부를 코팅한 것도 많은 고민과 깊은 연구 끝에 나왔다.

특별한 홍보 전략이 있다면?

집에서 아이템을 세팅하고 활용법을 찍어 소비자들에게 보여주는 데에는 한계가 있다. 그래서 감각이 뛰어난 다양한 블로거에게 선물해 그들이 세팅하고 활용한 사진을 재사용한다. 좋은 건 따라 하려는 여자들의 마음을 자극한달까? 블로그 세계에서 가장 효과적인 홍보 전략이라고 생각한다.

운영 원칙이 있다면?

블로그 이웃들이 주 고객인 만큼 '아주 친절한 셀러'가 되어 '안티'를 만들지 않는다. 또 블로그가 상업적이라는 느낌을 주지 않도록 일상 이야기를 자주 포스팅한다. 제품은 물론이고 감성까지 판매한다는 마음으로 예쁘고 정성스럽게 포장한다. 노동력이 많이 들지만 받는 사람에게는 큰 기쁨일 테니까.

육아와 병행하기 힘들지 않나?

아이 둘을 낳고서야 일을 시작한 게 잘한 일 같다. 첫째를 키운 경험이 있어 둘째 아이 육아에 어느 정도 노련해졌고 심리적으로도 안정돼 있다. 시간 분배를 철저하게 하는 편인데, 낮부터 저녁까지 육아에 몰입하고 아이들을 재운 뒤부터 작업 시간을 가진다. 하루에 4~5시간만 온전히 집중해도 가능한 일이다.

그로우온유를 시작하고 달라진 점은?

온종일 놀이터에서 아이 그네를 밀어주며 시간 보내던 때가 있었다. 육아에 전념하는 것도 보람 있는 일이지만 내 경우엔 자존감이 낮아지는 게 문제였다. 그로우온유를 시작한 후 예전보다 열정이 더 많아졌다. 디자인에 대한 고민도 더욱 열심히 한다. 이런 에너지가 육아에도 긍정적으로 영향을 미치는 것 같다.

남편이 외조를 잘해주는 편인가?

남편도 디자이너여서 함께 고민해주고 아이디어를 공유해준다. 남편이 퇴근하면 내가 종일 생각한 아이디어를 들려주고 이야기한다. 객관적으로 디자인을 평가하고 조언해주는 것도 남편이다. 원하는 일을 하는 데 누구보다 많이 응원해주는 든든한 지원군인 셈이다. 언젠가 남편과의 컬래버레이션도 생각 중이다.

자신이 가장 예뻐 보일 때는?

내 디자인이 인정받을 때. 새로운 디자인의 페이퍼백을 출시했는데 400명이 구매 예약한 적이 있다. 내가 만든 아이템을 좋아하는 사람이 있다는 것도 신나는 일인데 매출로 연결되니 더 뿌듯했다. 하루 업무를 마치고 다시 엄마의 역할로 돌아갈 때도 좋다. 일하는 엄마로서 보람을 느껴서인지 내가 꽤 괜찮아 보인다.

가장 큰 고민이 있다면?

나만의 아이템을 찾고 지속해서 만들어가는 일. 블로그를 하면서 '이웃의 아이템을 탐내지 말자'라는 생각을 했다. 내 일, 내 디자인, 내 꿈이 목적이 되면 다른 사람의 아이템을 카피하거나 평범한 아이템을 쉽게 선택하지 않는다. 디자이너로서 신념을 갖고서 늘 새롭고 창의적인 아이템을 개발하고 싶다.

창업을 꿈꾸는 엄마들에게 조언한다면?

처음부터 크게 투자할 생각은 접고 부담되지 않을 만큼만 투자해보자. 투자금을 빨리 회수해야 한다는 욕심을 버리자. 개성이 담긴 질 좋은 제품을 만들다 보면 결국 소비자가 찾아온다. 보자마자 감탄이 흘러나올 만한 아이템을 상상하고 직접 부딪쳐보고 상품화하길 바란다.

아이템 노트

베스트 아이템
● 그레이 페이퍼백 Grey Paper Bag
화이트 일색이던 페이퍼백에 그레이 컬러를 입힌 게 신의 한 수. 초창기부터 반응이 아주 좋았다.

●● 마블 페이퍼백 Marbel Paper Bag
마블 패턴을 접목했으며 특히 미니사이즈 백이 인기가 많다. 새로운 패턴, 남보다 앞선 발상과 디자인으로 시장을 선도한 제품.

●●● 캐노피 Canopy
아이들이 좋아하는 비밀스럽고 사랑스러운 공간을 상상하며 만들었다. 공주를 꿈꾸는 딸과 공주풍 인테리어를 싫어하는 엄마 모두 만족할 궁극의 아이템.

아이템 제작기간과 비용
캐노피는 2주 정도, 페이퍼백은 3주 정도 걸린다. 페이퍼백은 샘플링이 되지 않는 제품이어서 제작하는 게 곧 판매상품이 된다. 따라서 인쇄한 완성품에 하자가 생기면 바로 폐기한다.

창업 노트

창업 자금
약 500만 원
3D 프린터 구입 – 200만 원,
그 외 재료비, 제작비로 사용했다.

창업 준비기간
약 3~4개월
운영하고 있던 블로그에서 시작했다.
모든 것을 완벽하게 세팅하고 오픈한 것이 아니라 하나씩 채워나갔다.

●

●●

운영 노트

초창기 홍보
페이퍼백을 선보이자마자 인테리어로 유명한 블로거들이 예쁘다며 찾아와 구매했고, 때로는 협찬도 했다. 그들의 후기가 낯선 아이템인 페이퍼백을 대중에게 알리는 계기가 됐고 판매도 늘어났다.

운영 포인트
촬영 장소를 까다롭게 고른다
예쁜 공간에서 제품을 촬영해 블로그에 올리면 제품 문의가 많아진다. 글로만 예쁘다고 설명하는 것보다 예쁜 모습을 한 번 보여주는 것이 확실하다.

리뷰를 쓰면 재구매 시 할인해준다
리뷰 작성에 대한 동기 부여도 되고 고마운 마음도 전하고 추가 판매를 유발할 수도 있다.

불만 고객도 고객이다
클레임에 성심성의껏 답변해 오히려 재구매를 끌어낸 경우가 있다. 친절하게 임하면 고객의 화난 마음도 풀어진다.

엄마의 하루

7~8:00   기상
9:00   첫째 아이 유치원 등원, 둘째 아이 돌보기
12:00   둘째 아이 낮잠 시간에 택배 포장 및 블로그 답변 등 업무
15:00   첫째 아이 유치원 하원
18:00   저녁식사 및 아이들 씻기고 재우기
21:00   블로그 활동 및 아이디어 구상
다음 날
3~4:00   취침

※ 낮 업무를 해야 할 때는 친정엄마께 부탁해 아이를 맡기고 10~15시까지 모든 일을 마친다.

작은 노하우

영감을 얻는 사이트
영국의 핸드메이드 용품 쇼핑몰 '엣시 Etsy, www.etsy.com'를 보며 많은 영감을 얻는다. 인스타그램을 통해서도 국내외 디자인과 디자이너를 많이 찾아보는 편이다.

도움이 되는 기술
일러스트레이터와 포토샵을 다룰 줄 안다는 점이 큰 도움이 됐다. 직접 디자인하거나 사진 촬영 등을 할 수 있으면 브랜드 운영에 많은 도움이 된다.

SUABI

이름	허아람 – 만 4세 하진, 생후 14개월 서진 엄마
브랜드	수아비 Suabi
제품 종류	아동복, 가방, 액세서리
브랜드 콘셉트	Easy + Sporty + Practical! 자꾸만 손이 가는 아이 옷
URL	www.suabi.co.kr

아동복 브랜드 - 수아비

허아람

취미가 일이 됐다

허아람 씨는 어느 날 10만 원을 주고 중고 재봉틀 하나를 들였다. 아이 턱받이나 만들어볼 생각이었다. 그런데 일이 커졌다. 예쁜 것을 만들고 싶단 욕심에 해외에 있는 친구에게 부탁해 독특한 원단을 공수받기 시작했고, 해골이나 벌레 등 아이 옷에 잘 쓰지 않는 프린트 원단을 사용해봤는데 예상보다 괜찮은 결과물이 나왔다. 좀 과장해서 입기만 해도 상상력이 돋고 모험을 떠날 것 같은 재미있는 아이 옷이 탄생한 것이다. 이내 '수아비'가 만든 카디건은 엄마들에게 '갓디건'이란 별명을 얻을 정도로 마니아층이 생겼다. 누구보다 수아비의 마니아가 된 것은 허아람 씨 자신이다. 좋아하는 취미가 직업이 됐으니 행복하지 않을 이유가 없다.

수아비는 어떻게 탄생했나?

미대 입시 전문학원에서 강사로 일하면서 첫아이를 낳고 육아 블로그를 시작했다. 평소 프린트 디자인에 관심이 많았던 터라 독특한 프린트 원단을 구해서 아이 턱받이를 만들었다. 이렇게 만든 턱받이를 블로그에 올렸는데, 사람들의 반응이 좋았다. 1년 정도 지나 옷 만들어주는 분을 소개받아 판다 블라우스를 제작했는데 이것이 이른바 '대박'이 났다. 덕분에 취미로 시작한 일이 여기까지 오게 됐다.

디자인을 공부하지 않았는데 이 일을 시작하기 두렵지 않았나?

성격이 급하고 추진력이 좋은 편이다. 재미있으면 며칠 내에 모든 일을 해치워야 할 정도다. 원하는 스타일의 원단을 찾아내고 직접 바느질해서 옷을 만드는 일이 재미있었다. 초기 6개월 동안은 매일 밤새우면서 피곤한 줄도 몰랐다.

육아와 일을 병행하면서 어려운 점이 있다면?

육아는 거의 손을 놓았다는 말이 맞다. 육아와 일을 병행하는 건 어려운 일이다. 일찍 결혼한 편인데, 하고 싶은 것도 많고 다른 일에 자꾸 관심을 두니까 친정엄마가 아예 근처로 이사왔다. 가족의 도움과 적극적인 지원이 없다면 일하기 어려웠을 거다.

창업을 위해 특별히 배운 것이 있다면?

바느질을 직접 해야 하니까 재봉학원에 다녔다. 디자인이나 다른 기술을 배우고 싶다는 생각도 한다. 하지만 공부와 일, 육아를 모두 잘할 수는 없다. 부족한 부분은 전문가나 주변 사람에게 맡긴다. 예전에 학원에서 가르쳤던 학생들에게 아르바이트를 맡기거나 디자인을 공모하기도 한다.

수아비의 성공 포인트는 무엇이라고 생각하는가?

우리나라에 없는 원단을 찾고 아이 옷에는 거의 쓰지 않는 벌레나 해골 등 특이한 패턴을 쓴 점이 통한 것 같다. 일하는 공간과 집을 분리해 일에 집중한 것도 크게 작용했다. 집에서 육아와 일을 병행하면 일에 집중하기 어렵다. 또한 집에서 턱받이를 만들 때는 미싱 소리 때문에 시끄럽다는 원성을 듣기도 했다. 심지어 놀이터로 가지고 나가 작업한 적도 있다. 작업실을 마련한 후로는 아이가 어린이집에 있는 동안 집중해서 일한다.

자리 잡는 데 도움받은 시설이나 정책이 있다면?

가죽공예를 하는 제자가 정부에서 지원해주는 창업지원센터가 있다는 걸 알려줬다. 사업계획서를 준비해 지원했고 합격했다. 1년 동안 무료로 이용할 수 있는 사무실과 1개월에 50만 원 정도의 지원금을 받았다. 덕분에 컴퓨터도 사고, 자리 잡는 데 큰 도움이 됐다.

일을 시작한 뒤 즐거운 변화가 있다면?

쇼핑이 일이 된 점이 좋다. 평소 좋아하는 것이라 정말 즐겁다. 학생들을 가르칠 때는 그것이 천직이라고 생각했는데, 이 일을 시작한 후에는 이게 천직이 된 것 같다. 즐겁고 행복하다.

업무 중 가장 중요하게 생각하는 것은?

고객과의 소통. 새벽에 문의가 와도 직접 답변한다. 하루 3~4시간밖에 잠을 못 자지만 워낙 잠이 없는 편이라 큰 어려움은 없다. 학생들을 가르칠 때 학부모와 학생 상담을 해본 경험이 고객 관리에도 도움이 된다. 학부모나 고객이나 응대하는 방법은 똑같다. 카페 운영과 이벤트 경험도 도움이 된 것 같다. 사람을 모으고 반응을 이끌어내는 게 몸에 밴 모양이다.

운영상 어려움은 없나?

인스타그램, 블로그, 카카오스토리 등 5개의 온라인 채널을 직접 운영한다. 채널마다 고객 유형이 조금씩 달라서 사진과 글 톤을 모두 다르게 써야 하고, 신제품 공개나 이벤트 시기도 달라야 한다. 전체 기획을 하는 건 재미있지만 손이 많이 간다. 디자인, 촬영 콘셉트 설정, 마케팅 등은 재미있다. 앞으로 사업이 확장되면 디자인, 물류, 마케팅 등으로 업무를 세분화하고 전체 기획과 마케팅 업무에 집중하고 싶다.

앞으로 계획이나 목표는?

손이 자주 가는 옷을 만들고 싶다. 편안하면서 독특한 디자인, 남과 다른 디자인을 하는 게 단기적인 목표다. 장난감이나 교구를 만들고 싶은 꿈도 있다. 지금은 옷을 만들지만 나중에는 공방 형태로 바꿔서 엄마나 아이가 와서 그림도 그리고 미술수업도 할 수 있는 공간으로 꾸미고 싶다.

아이템 노트

베스트 아이템
● **트레이닝복**
치마 바지와 기본 반바지, 상의로 구성된 2015년 신상품으로 수아비의 여름철 대표 제품이다.

●● **이너 시리즈**
100% 면과 가죽이 만났다.
사계절 내내 입을 수 있는 아이템으로
실버 이너와 블랙 이너가 인기 있다.
여름엔 이너 단품으로, 겨울에는 레이어드
이너로 다양한 연출이 가능하다.

●●● **실내복**
봄·여름용 실내복이다.
일곱 가지 컬러로 구성된 패키지 상품으로
요일 별로 골라 입도록 만들었다.
실외에서 입어도 될 만큼 디자인이 예쁘다.

●●●● **방수매트**
방수처리에 한 달을 들여 100% 방수가 되도록
제작했다. 방수 빅매트와 비치매트, 기저귀 떼기
훈련매트 등이 있다.

●●●●● **캐리어와 백팩**
백팩과 캐리어로 같이 사용할 수 있는 가방.
매년 다른 디자인으로 출시하고 있다.

아이템 제작기간과 비용
하나의 디자인으로 3개 사이즈를 제작하는데
총 70만 원 정도 든다. '해외 직구'하는 원단 값,
기타 부자재, 재봉비 등이 포함된다.

창업 노트

창업 자금
약 70만 원
재봉틀 – 10만 원, 중고 사이트에서 구매,
기타 부자재 – 10만 원,
원단 – 20만 원, '해외 직구'로 구입,
포장재 구입 및 기타 비용 – 30만 원.

창업 준비기간
약 1년
부업으로 시작해 제대로 된 브랜드를 만들기까지
걸린 기간이다. 사업자등록과 홈페이지 제작은
생각만큼 어렵지 않았다. 가장 어려운 건 고객 유치.
판매를 시작한다고 주문이 바로 들어오지 않는다.
블로그로 시작해 준비기간을 최소 3개월 정도
잡고, 차츰차츰 단골을 만들어가면 6개월 안에는
자리 잡을 수 있다.

107

초창기 홍보

프랑스 실내화 브랜드 '꼴레지앙 Collegien' 효과가 컸다. 사업을 시작할 때만 해도 국내에 잘 알려지지 않은 브랜드였는데, 블로그에 리뷰를 올렸다가 폭발적으로 방문자가 늘었다. 사람들에게 좋은 아이템을 소개해주는 것이 기뻐서 공동구매를 주도한 적도 있다. 이윤이 남지 않는 번거로운 일이지만 그로 인해 많은 잠재 고객을 얻었다.

운영 포인트

SNS 특징에 맞춰 포스팅한다
카카오스토리 : 사용자들이 스토리를 쭉 읽은 후 사진을 보는 편. 주제 있는 이야기를 포스팅해야 한다.

인스타그램 : 단 한 장의 사진으로 승부해야 하므로 감성적인 사진 분위기와 해시태그(#)를 잘 활용하는 것이 포인트.

페이스북 : 사용자가 젊은 편. 젊은층이 관심 가질 만한 이슈와 제품을 연관지어 이야기를 풀어내야 한다.

블로그 : 위의 모든 것이 충족돼야 한다. 스토리가 있고 사진을 그에 맞춰 구성해야 하며 사진과 글이 읽기 좋게 어우러져야 한다. 무엇보다 '1일 1포스팅'처럼 꾸준히 해야 한다.

착한 가격 + 상품의 질 + 꾸준한 응대 = 고객 신뢰
글로 하는 소통과 직접 나누는 대화는 엄연히 다르다. 고객 문의에 문자보다 전화로 응대하고 사은품 증정 이벤트 등을 더해 신뢰를 쌓았다.

엄마의 하루

7:00	기상, 아이들과 간단한 아침식사
8:30	첫째 아이 유치원 등원
9:30	남편 아침식사 차려주기
10:00	출근
11:00	오전 미팅
13:00	점심식사, 포장, 검품, 댓글 달기, 사이트 관리 등 업무
17:00	첫째 아이 픽업
18:00	저녁식사, 아이들 목욕 및 놀이, 장보기
21:00	운동
23:00	야간 업무
다음 날	
1:00	취침

BITHOME

이름	진은영 – 생후 29개월 민진 엄마
브랜드	빛홈 Bithome
제품 종류	디자인 조명, 리빙소품
브랜드 콘셉트	일상이 특별해지는 빛, 크래프트 라이팅 & 리빙 오너먼트
URL	www.bithome.co.kr, www.bithome.me

디자인 조명 브랜드 - 빛홈

진은영

생활이
곧 기회였다

어떤 사람에게 조명은 빛이 아니라 위안이다. 육아에 지쳤을 때, 잠깐이라도 나에게 집중할 시간이 필요할 때, 진은영 씨는 초를 켜듯 조명을 켰다. 조명 관련 일을 한 남편 덕분에 신혼 때부터 집에는 형형색색 조명이 즐비했고 때로는 위로가 필요해서 때로는 분위기를 더하려고 제각각 다른 조명을 켜곤 했다. 늘 곁에 두고 본 탓일까. 디자인을 전공하고 꽃, 와인, 바느질, 파티플래너, 컬러리스트, 아동미술교육을 배우고 심지어 가로수길에 옷가게까지 운영해본 화려한 경력의 진은영 씨가 디자인 조명 브랜드 '빛홈'을 열었다. 필요할 때마다 따뜻한 위안을 건네주던 조명은 이제 진은영 씨 인생의 빛이 됐다.

빛홈에 대해 소개해달라.

직접 만든 디자인 조명과 리빙소품을 판매하는 브랜드다. '빛을 만드는 집'이라는 뜻을 담아 '빛홈'이라 이름 지었다. 획일적 디자인으로 대량생산하는 조명이 아닌 공예적 감각이 더해진 감성 조명을 만들며, 많은 사람이 조명의 인테리어적 가치를 느낄 수 있도록 앞장선다. 까다로운 기준으로 선정한 수입 조명도 판매할 예정이며, '마블트레이' 같은 독특한 리빙소품도 만날 수 있다.

조명 디자인을 시작한 이유는?

결혼 전 홈인테리어 회사에 다녔고 그곳에서 남편을 만났다. 조명 분야에서 일하던 신랑 덕분에 신혼집을 다양한 조명으로 꾸몄는데 조명 하나로 집안 분위기가 확 달라지는 것을 느꼈다. 조명을 켜고 나에게 집중하는 시간을 가질 때마다 마음이 따뜻해졌고, 임신과 출산을 겪을 때도 빛이 퍼지는 모습을 보면 마음이 편안해지고 힐링이 됐다. 나와 같은 여자, 엄마들과 이런 순간을 공유하고 싶어 시작했다.

조명 제작 과정은?

가장 먼저 디자인을 한다. 색다른 소재가 필요할 경우 제조사를 찾고 샘플을 받는다. 필요한 소재를 구입한 후에는 조명 공장에 샘플 제작을 의뢰하고, 샘플을 받은 뒤에는 남편과 미팅한다. 소재에 빛이 비치는 정도나 사이즈 등을 따져 수정·보완하고, 완성된 제품을 받는다. 그 후 사진을 촬영하고 블로그에 포스팅해 공동구매 형태로 주문을 받아 판매한다.

육아와 일을 병행하기 어렵지 않나?

어렵다. 하지만 아이를 낳았기 때문에 일을 시작할 수 있었다. 남편과 결혼한 뒤 조명을 만들고 싶다는 생각은 늘 해왔다. 하지만 너무 빨리 시작했다가 임신이라도 하게 되면 결국 중단할 것 같아서 선뜻 해보지 못했다. 아이를 낳고 1년가량 흐르니 육아가 익숙해졌고, 조명을 만들어도 되겠단 생각이 들었다. 아이가 잠잘 때 일하고, 깨는 시간에 맞춰 일찍 일어나야 하므로 체력적으로는 힘들다. 하지만 일반 직장과 달리 시간을 자유롭게 운용할 수 있고, 힘들 땐 아이와 함께 쉬면서 피로를 풀 수 있다. 한창 프로젝트를 진행할 때는 남편이 적극적으로 도와준다.

갑자기 아이를 맡겨야 할 때는 어떻게 하나?

재료 구입이나 시장조사 등 외근할 때는 늘 아이를 데리고 다녔다. 36개월까지는 엄마가 키워야 한다는 기준을 세웠고, 일을 시작해도 꼭 지키고 싶었다. 지금도 여전히 아이를 어린이집에 보내지 않고 데리고 다닌다. 고객들도 가장 신기해 하는 부분이다. 얌전하고 순한 아이의 성향도 한몫을 했다. 늘 빛홈은 아이와 함께 만들었다고 생각한다.

사람들이 빛홈을 찾는 이유는 뭐라고 생각하는가?

제품에서 감성을 느낄 수 있기 때문인 것 같다. 예쁜 수입 조명을 구하려면 비싸고 저렴한 국내 제품은 유명 디자인을 카피했거나 대량생산해 획일화된 것이 대부분이다. 우리 블로그에 올려놓은 다양한 연출 사진을 통해 디자인 조명의 가치를 확인하고 인테리어 효과에 공감하는 것 같다. 어떤 공간에도 잘 어울릴 뿐 아니라 핸드메이드란 점도 매력적으로 다가간 것 같다.

제품 사진을 찍는 노하우가 있나?

먼저 제품에 맞는 콘셉트를 찾고 그에 맞는 소품을 구한다. 제품의 컬러나 소재를 보며 어떤 소품과 어울릴지 고민한다. 촬영할 땐 클로즈업으로 제품을 상세하게 볼 수 있는 사진과 제품이 설치된 공간을 보여주는 전체 컷을 함께 찍는다. 고객도 자신의 집에 제품이 놓인 모습을 상상해볼 수 있기 때문이다. 촬영하다 보면 생각한 대로 찍히지 않을 수도 있다. 그럴 땐 카메라 앵글을 바꾸거나 소품을 교체하는 등 다양하게 찍어보며 수정한다. 일단 많이 찍어봐야 좋은 게 나온다. 마블트레이 '미오마르모'는 실제로 10회에 걸쳐 촬영했다.

리빙소품 분야의 창업을 꿈꾸는 엄마들에게 조언한다면?

요즘 소비자는 안목이 높고 많은 정보를 쉽게 접하므로, 철저한 준비가 필요하다. 트렌드를 읽는 안목이 필요하지만 그보다 더 중요한 것은 나의 콘텐츠가 있어야 한다는 점이다. 소비자가 사는 건 그냥 물건이 아니라 제품과 브랜드 이미지, 감성, 그리고 취향이다. 소비자의 마음을 움직일 수 있도록 개성 있는 디자인과 색깔을 갖추고 디자인 소스 개발에 꾸준히 노력해야 한다. 또 2~3년 정도는 브랜드를 알리기 위해 초석을 다지는 기간이라고 생각하고 고생할 각오를 해야 마음의 부담도 적다.

앞으로의 계획은?

많은 사람이 조명의 매력을 느끼고 즐길 수 있는 제품을 만들고 싶다. 시간이 지나도 변하지 않는 가치를 지니고 어떤 공간에나 어울릴 수 있는 그런 조명을. 앞으로 1 대 1 조명 컨설팅 업무와 리빙 스타일리스트로서의 작업도 계획하고 있으며, 빛홈만의 단독 쇼룸 오픈을 목표로 쭉 달릴 예정이다. 또한 플리마켓을 통해 고객과 소통하고 다른 브랜드나 디자이너와 활발하게 교류할 수 있는 기회를 모색할 생각이다.

아이템 노트

베스트 아이템
● **글라스자램프 Glass Jar Lamp**
유리병 안에 무엇을 담느냐에 따라
다양한 분위기를 연출할 수 있는 빛홈의
시그니처 조명. 다양한 램프셰이드조명갓와
데코 아이템으로 꾸민 글라스자램프를
시즌별로 선보이고 있다.

●● **더캔들램프 The Candle Lamp**
핸드메이드 쇼핑몰 '38에비뉴'와
컬래버레이션으로 탄생한 제품.
평범한 초처럼 보이지만 알고 보면 조명이다.
수면등으로 쓰기에 좋다.

●●● **아이디얼램프 Ideal Lamp**
올리브나무를 네 가지 형태의 도형 기둥으로
제작한 후 에디슨 전구와 결합했다.
밝기 조절이 가능하다.

●●●● **미오마르모 Mio Marmo**
'나의 마블'이라는 뜻으로 빛홈이 제작한
마블트레이 시리즈의 이름이다.
다양한 무늬를 그대로 살려 제작해
모두 무늬가 다르다. 사이즈가 여러 가지이며
빛홈 조명과 조화를 이룬다.

아이템 제작기간과 비용
샘플 작업부터 제품을 완성한 후
블로그 포스팅까지 짧게는 3~6개월 정도 걸린다.
아이템마다 차이가 있지만 20만~50만 원 정도
비용이 든다.

창업 노트

창업 자금
약 200만 원
샘플 재료 구입 – 50만 원,
샘플 제작 – 100만 원,
제품상자 및 포장재 제작과
그 외 부대비용 – 50만 원.

※ 컴퓨터, 복합기, DSLR 카메라 등은 갖고 있던 것을 사용했고,
시작한 지 1년 정도 지나 홈페이지를 개설했기에
시작 비용이 적은 편이다.

창업 준비기간
약 3개월
결혼 후부터 생각은 쭉 해왔다.
블로그 이웃을 대상으로 빈티지마켓을 연 적이
있는데 이를 통해 용기와 확신을 얻었고
사업자등록을 했다. 그 후 3개월 준비해
첫 램프를 선보였으며, 시작하고 나니
일이 빠르게 진행됐다.

운영 노트

초창기 홍보
우드보드와 마블트레이 등 리빙소품을 추가로
론칭하며 더 많은 관심을 받았다.
빛홈의 사진 분위기를 좋아하는 고객은
조명을 사며 리빙소품까지 함께 구매했다.

운영 포인트
온라인 판매일수록 더 진실하게
일단 팔고 보자는 태도는 안 된다.
확실한 것이 아니면 이야기하지 않고
최대한 정확한 정보를 제공해 신뢰를 쌓는다.

글자 하나도 허투루 쓰지 않는다
블로그에서 소통은 포스팅과 댓글로 이루어진다.
어떤 글도 허투루 적어서는 안 된다.

고객의 궁금증을 미리 캐치한다
우리 제품이 생소할 수 있으므로 알기 쉽게
자세히 설명하고 있다.
제품 주문부터 배송까지 진행과정도
세세하게 안내한다.

컬래버레이션과 플리마켓을 활용한다
핸드메이드 쇼핑몰 '38 에비뉴'와 협업해
서순라길 돌담마켓 '동행'을 진행하고
쇼룸에서 특별한 이벤트를 기획하는 등
적극적으로 만남의 장을 마련한다.

엄마의 하루

7~8:00   기상, 아침 업무
오전   아이와 함께하기, 아이 낮잠 시간 2시간을
          활용해 주문 정리 및 택배 작업
오후   아이와 함께하기, 종종 SNS와 블로그 활동
22:00   디자인 작업 및 블로그 활동
다음 날
2~3:00   취침

작은 노하우

영감을 얻는 사이트
영화, 그림, 음악, 잡지, 아트북 등
다양한 곳에서 디자인 소스를 얻는다.
영화의 경우, 디자인 사조에서 중요한 예술가의
작품이나 공간을 볼 수 있는 작품을 찾아보며
그 당시 인테리어를 살펴본다.
앤티크 주얼리나 빈티지 소품 등을 찾아보고,
핀터레스트나 SNS를 통해 유럽과 미국의
리빙 스타일리스트의 작품을 보며
트렌드를 읽는다.

THE AINS

이름	백성은 – 만 4세 아인 엄마
브랜드	더아인스 The Ains
제품 종류	아이용 가구, 침구류 등 아이를 위한 리빙소품
브랜드 콘셉트	함께 공감하고 미소 짓게 하는 브랜드
URL	www.theains.com

리빙소품 브랜드 – 더아인스

백성은

딸아이가 커갈수록 제품도 다양해진다

런던에서 잠시 살았던 백성은 씨는 도심 속의 울창한 공원과 그곳을 일상적으로 누비는 사람들이 무척 행복해 보였다. 자연스레 그도 동물과 환경에 관심을 가지게 됐고, 인터랙티브 미디어 작가로 활동하며 멸종위기의 동물과 병들어 가는 환경을 담은 작품을 만들곤 했다. 자연과 동물이 그녀에게 영감을 준 것처럼 결혼 후에는 딸 아인이가 매일 놀라운 성장을 하며 영감을 주었다. 어느 날, 고마운 딸에게 선물로 보답하고 싶어서 토끼 모양의 수납장을 짰다. 그다음엔 멸종위기의 동물인 판다가 큼지막하게 박힌 이불을 만들었다. 딸이 환경을 생각할 줄 아는 예쁜 아이로 자라나길 바라는 마음을 담은 선물이었다. 사랑스러운 물건들이 아이 방에 쌓였고 어느덧 백성은 씨는 '더아인스'라는 브랜드를 운영하고 있다. 아이가 자랄수록 더아인스의 제품도 더욱 다양해진다.

더아인스를 시작한 계기는?

대학에서 디자인을 전공하고 런던에서 지냈다. 인터랙티브 미디어 작가로 활동하며 아이에게 가르쳐주고 싶은 것, 내가 만들어줄 수 있는 것을 고민하다 보니 자연스럽게 더아인스의 제품 리스트가 완성됐다. 아이 옷과 인테리어 소품, 쿠션이나 침구류 등을 만들어 블로그에 올렸는데, 사진을 본 사람들이 만들어달라고 요청해왔고 더아인스란 이름으로 시작하게 됐다.

어떻게 운영하고 있나?

제품을 디자인하고 작업지시서를 만들어 공장에 간다. 패브릭, 나무, 가죽 등 다양한 소재를 이용해 제품을 만들다 보니 제작업체가 달라서 공장 돌아보는 데에도 시간이 오래 걸린다. 아이가 어린이집에 가서 돌아오기 전까지 최대한 공장을 돌아보고, 새로운 디자인을 위해 원단시장과 가죽시장을 둘러본다. 저녁 시간은 아이에게 집중하고 아이가 잠들고 난 뒤 사이트 관리와 주문 관리, 디자인 수정 등을 한다. 밤에 할 수 있는 일과 낮에 할 수 있는 일을 구분하여 효율적으로 운영한다.

공장을 선정하고 협력 관계를 유지하는 비결이 궁금하다.

디자인 의도에 맞게 제품을 잘 만들어주는 공장이나 제작자를 찾는 게 중요하다. 침구류를 만들 때는 집 근처 수선집부터 찾아다니며 도움을 요청했고, 그분들의 소개로 결국 적합한 곳을 찾았다. 자작나무 옷걸이와 수납함을 만들 때도 주변 목공소부터 돌아다니며 도움을 요청했다. 작업 의뢰를 한 뒤에는 최대한 그들의 의견을 존중하고 배려해야 좋은 관계를 맺을 수 있다. 경험이 많은 분들이므로 조언을 반영하면 제품의 질도 향상된다.

모든 일을 혼자 하려면 힘들지 않나?

일과 육아라는 두 마리 토끼를 잡는 게 쉽지 않다는 걸 매일 느낀다. 특히 전시 일정이 잡히면 도움이 절실하다. 2014년 12월 홈스타일링 박람회인 '홈테이블 데코페어'에 참가했을 때는 다섯 명 정도를 동원해야 했을 정도다. 평소에는 지인과 가족들이 많이 도와준다. 아이가 어린이집에 가는 시간과 모두가 잠든 밤에 집중적으로 일하는 편이다. 종종 가사도우미의 도움도 받는다.

동물이나 자연과 관련된 디자인이 많다.

인터랙티브 미디어 작가로 활동할 때 멸종위기 동물과 환경에 관한 스토리를 작품에 담아왔다. 그래서인지 지금도 디자인에 동물이 자주 등장한다. 동물 디자인을 통해 아이들이 자연과 동물에 자연스레 친근감을 느낄 수 있다. 또 아이를 위한 제품이라 친환경 소재를 선택하게 되는데 동물 디자인과 잘 연결되는 것 같다. 공교롭게도 우리 가족은 모두 토끼띠인 데다 아인이가 토끼를 좋아해서 토끼 이미지를 디자인에 많이 반영한다.

일하면서 가장 힘이 나는 순간은?

디자인 스케치가 마음에 들 때. 그 순간부터 프로토타입을 제작한 뒤 샘플이 손에 들어올 때까지 가장 설레고 즐겁다. 제작한 제품을 직접 사용해본 결과 만족스러울 때도 신 난다. 고객이 좋은 반응을 보일 때, 예리하게 디자인 의도를 정확하게 짚어내며 좋다고 말해줄 때도 뿌듯하다.

더아인스의 가장 큰 자산은 무엇인가?

딸 아인이를 위해 인테리어 소품을 만들기 시작했다. 아인이가 크면서 필요한 소품이 하나둘 늘고 있다. 아이가 필요한 것 위주로 디자인하다 보니 제품도 다양해졌다. 가장 큰 자산은 역시 항상 영감을 주는 딸 아인이다.

내가 가장 예뻐 보일 때는?

바쁜 와중에도 책을 들고 다니며 짬을 내어 읽을 때, 영어 공부를 하며 자신감을 키워나갈 때, 적은 금액이라도 후원할 때, 해야 할 일이 너무 많지만 자기계발에 주기적으로 시간을 할애하는 내 모습을 볼 때 내가 가장 예뻐 보인다.

향후 계획과 목표가 있다면?

항상 마음에 두고 있는 목표는 더아인스의 제품을 고객들과 소통할 수 있도록 디자인하는 것이다. 경험과 추억을 바탕으로 제품의 디자인 스토리를 만들어가는데 그 제품이 누군가에게 또 하나의 추억과 이야기가 되었으면 하는 바람이다.

창업을 꿈꾸는 엄마들에게 조언한다면?

고객에게 전달하려는 메시지가 가장 중요한 것 같다. 메시지는 감성이 될 수도 있고, 디자인 모토가 될 수도 있고, 스토리일 수도 있다. 더아인스 제품을 디자인하면서 가장 많은 도움이 됐던 것은 추억이다. 나만의 디자인은 브랜드를 만들기 위해 꼭 필요한 요소다. 추억, 감성, 이야기, 경험으로부터 나온 디자인은 오래도록 사랑받는다.

127

아이템 노트

베스트 아이템

● 노마드 책장 Nomad Bookshelf

DIY로 조립하고 이동할 수 있는 책장.
토끼와 곰 귀를 가진 노마드 책장은 아이들에게
흥미를 자극한다. 자주 보는 책, 향초, 꽃병을 놓는
용도로 사용하며 디자인특허 등록 중이다.

●● 콧수염 옷걸이 Mustache Hanger

콧수염 모양으로 디자인해 100% 자작나무로
만든 옷걸이. 상의를 걸기 좋은 찰리콧수염
옷걸이와 하의를 걸기 알맞은 노멀콧수염 옷걸이
두 가지 모양에 5가지 패턴 Black, Dot, Cross, Triangle, Zigzag을 접목해 제작했다.
디자인특허를 보유하고 있다.

아이템 제작기간과 비용

디자인 후 제품 제작까지 3주~1개월 정도 소요된다.
패브릭 제품은 평균 80만 원, 원목 제품은
100만~150만 원, 가죽 제품은 150만~200만 원
정도 든다. 한 번에 만족스러운 샘플이 나오면 좋지만
수정이 필요할 땐 다시 제작하기 때문에 비용도
늘어난다. 또한 샘플 작업은 대량제작이 아니므로
제품값의 몇 배 이상이 든다.

창업 노트

창업 자금

약 500만 원
샘플 제작비 - 430만 원,
홈페이지 제작 - 50만 원.

창업 준비기간

약 4~5개월
사업자등록을 한 뒤 무엇을 만들지 결정하고
디자인하고 제작업체를 알아보고 직접
사용하며 불편함은 없는지 테스트를 마치기까지
걸린 시간이다.

운영 노트

초창기 홍보
나 같은 엄마를 위한 좋은 제품도 함께 선보이고 싶어 이탈리아 수입 가죽으로 가죽 가방과 클러치, 지갑 등을 디자인해 같이 판매하면서 주문이 급증했다.

운영 포인트

디자인아트페어를 통해 제품을 알렸다
예술의전당 한가람디자인미술관에서 열린 '디자인아트페어'에 작가로 참가했다.
이후에 다양한 숍에서 입점 문의가 들어올 정도로 성공적인 홍보였다.

라이프스타일을 공유했다
처음 제품을 선보였을 때부터 주문이 많았는데, 블로그와 SNS를 통해 일상을 포스팅해 라이프스타일을 공유했기 때문인 것 같다. 블로그나 SNS를 활용한 온라인 이벤트는 창업 초기에 효과적으로 홍보할 수 있는 방법이다.

정직함으로 임했다
아이템 제작 중 문제가 발견돼 생산을 중단한 적이 있다. 주문한 고객 모두에게 전화하고 환불처리를 했는데 신뢰를 잃은 것 같아 내내 마음에 걸렸다. 블로그에 사실 그대로를 솔직하게 고백했고 많은 분이 이해해주셔서 위기를 잘 넘길 수 있었다.

엄마의 하루

8:00	아이 등원과 남편 출근, 제품 생산공장 돌아보기
11:00	원단시장과 가죽시장 둘러보기
13:00	새로운 디자인을 위한 아이디어 스케치
14:00	필요한 부자재와 샘플 고르기
16:00	아이 하원
19:00	블로그와 사이트 관리
22:00	택배 포장

KONO KIDS

이름	문선미 – 만 4세 예준 엄마
브랜드	코노키즈 Kono Kids
제품 종류	셔츠 등의 아이 옷, 성인 의류
브랜드 콘셉트	세련된 엄마를 위한 재미있고 트렌디한 키즈 브랜드
URL	www.konokids.com

아동복 브랜드 – 코노키즈

문선미

내 아이에게 입혀 품질을
테스트했다

계절 따라 유행 따라 사람들의 옷에 다양한 컬러, 레터링, 프린트가 넘쳐나도 화이트는 늘 진리다. 그 중에서도 화이트셔츠는 기본 중의 기본 아이템이지만 맘에 꼭 드는 것을 만나기란 쉽지 않다. 자칭 '화이트셔츠 마니아'인 문선미 씨는 우리나라에서 아이용 화이트셔츠를 가장 치열하게 만드는 디자이너 중 한 명이다. '아이 옷에 왜 이렇게 정성을 쏟느냐'는 숱한 물음에 흔들리지 않고, 패턴을 수정하고 테스트를 거듭해 기어이 누가 입어도 완벽한 셔츠를 완성해내고야 만다. 화이트셔츠뿐만이 아니다. '코노키즈'의 옷은 믿고 입는 맞춤복이라 할 만하다. 아이 옷이지만 성인복 패션쇼에서 아이디어를 얻고, 성인복 공장에서 가공하는 것도 상품의 퀄리티를 높인 비결이다.

코노키즈는 어떤 브랜드인가?

아이 옷을 직접 디자인하고 제작해 판매하는 아동복 브랜드다. '코노'는 인디언 말로 '다람쥐처럼 나무를 잘 타는'이라는 의미인데, 통통 튀고 활동적인 스타일의 아이 옷을 만들고 싶어서 코노키즈라는 이름을 붙였다. 소재와 디자인을 아이에게 맞춰 편안하고 좋은 옷을 만들기 위해 애쓰고 있다. 온라인 쇼핑몰에서 판매하고 있고, 얼마 전 사무실을 이전했다.

중성적인 스타일의 옷이 많은데 이유가 있나?

아들을 키우고 있어서 아무래도 남자아이 옷을 소홀히 할 수 없었다. 아들에게도 다양하게 코디할 수 있도록 만들다 보니 남녀 아이 모두에게 입힐 수 있는 중성적인 디자인이 나오는 경우가 많다. 치마를 제외하고 대부분의 아이템이 남녀 구분 없이 입을 수 있다.

코노키즈 하면 셔츠가 유명하다. 재단도 복잡하고 세세하게 치수를 따져야 하는 셔츠는 만들기 번거로운 옷 아닌가?

신경이 많이 쓰이는 건 분명하지만 셔츠는 남자아이에게 유용한 아이템이라 특별히 잘 만들고 싶었다. 유럽 브랜드의 셔츠는 목둘레가 빡빡하고 칼라가 높아서 아이가 불편하고, 미국 브랜드는 착용했을 때 실루엣이 예쁘지 않았다. 편안하고 몸에도 잘 맞는 셔츠를 만들고 싶었다. 샘플만 다섯 번까지 제작한 적도 있다. 샘플 셔츠는 아들 예준이에게 입혀 목과 손목 등의 디테일과 전체 실루엣을 살펴보고, 아이가 벗겨달라는 말 없이 입고 잘 노는 것으로 편안한지 확인한다. 우리나라 아이들의 신체 특징에 맞춰 공들여 만들어서 그런지 셔츠 재구매율이 가장 높다.

샘플 제작에 공들이는 것 같다.

2013년 코노키즈를 시작해 지금까지 열심히 달려온 이유는 완성도 높은 아이 옷을 선보이고 싶어서다. 샘플이 잘 나와야 제작을 수월하게 할 수 있고 보완·수정해야 할 점도 분명히 확인할 수 있다. 샘플은 아이에게 입혀보고, 2~3회 세탁한 뒤 바느질 상태와 소재의 변형이 있는지 살핀다. 날염할 때도 친환경 원료를 고집한다. 1~2년 남짓 입는 아동복이라고 소홀히 만들어선 안 된다고 생각한다.

디자인만큼 제작업체도 중요할 것 같다. 업체는 어떻게 선택했나?

옷을 만드는 지인에게 추천받고 직접 알아봤다. 동대문, 장위동, 종로 등 봉제 공장이 모여 있는 곳에 찾아가 작업 퀄리티를 직접 확인했다. 후보를 세 군데로 추려 샘플 제작을 의뢰하고, 그중에 가장 완성도가 높은 공장을 선택했다. 일부러 아동복만 만드는 공장은 제외했다. 성인복을 만드는 공장이 제작 단가는 높지만 바느질과 마무리가 깔끔하다. 어떤 공장에서 얼마나 숙련되고 꼼꼼한 사람이 만드는지가 아주 중요하다. 옷의 품질을 높이려면 무엇보다 공장 선택을 잘해야 한다.

일과 육아는 어떻게 병행하고 있나?

회사에 다닐 때도 그랬고 지금도 친정엄마의 도움을 많이 받고 있다. 그래도 회사 다닐 때에 비하면 아이와 함께하는 시간이 훨씬 많다. 아침에 아이를 등원시키고 작업실에 출근한다. 5시에 퇴근하면서 아이를 데리고 집에 가서 저녁을 함께 보낸다. 회사와 일이 아닌 아이를 1순위로 둘 수 있어 만족스럽다. 남편도 집안일을 함께 거들어줘 한결 수월하고, 무엇보다 아들 예준이가 코노키즈의 모델로 활약하며 일할 때도 같이 있어 좋다.

특별한 홍보 전략이 있나?

지금까지 옷을 만드는 데 주력했다. 홍보는 블로그를 운영한 게 전부다. 여전히 거창한 홍보 계획은 없다. 소규모로 하는 사업인데 광고와 홍보비를 쏟아 부어 단기간에 매출을 올리는 건 위험할 것 같다. 가끔 조바심이 나지만 욕심부리지 않으려 한다. 언젠가 온라인 광고를 대행해주는 업체와 미팅을 했는데 많이 파는 방법에 대해서만 관심 있더라. 브랜드 철학과 가치는 제쳐놓고 판매 실적만 따지는 걸 보고 놀랐다. 특색 없는 광고를 보고 지나치는 게 아니라 코노키즈를 일부러 검색해서 찾게 하고 싶다. 비록 시간이 걸리더라도 말이다.

앞으로의 계획은?

부담 없는 가격대를 유지하면서 옷의 품질을 높이는 방법을 계속 고민하고, 코노키즈만이 보여줄 수 있는 디자인을 찾고 싶다. 아이 옷인데 이렇게 원단과 디자인에 신경 쓰며 만들어야 하는지 묻는 분들도 있지만 옷에 관한 한 욕심껏 하고 있다. 더불어 인테리어 전공을 살려서 아이 방을 꾸밀 수 있는 인테리어 아이템으로 영역을 넓힐 계획이다.

137

아이템 노트

베스트 아이템

● 피카부 맨투맨 Peekaboo Man-to-man
반짝거리는 스팽글로 꾸민 귀여운 얼굴이 포인트.
혀를 내미는 표정 때문에 '피카부까꿍 맨투맨'이라고
이름 지었다. 맨투맨은 편안한 일상복이지만
스팽글을 더해 특별한 옷이 됐다.

●● 미키 빅스타 Mickey Big Star
시즌에 상관없이 사용할 수 있는 스냅백.
시중에 미키 모양의 모자가 많이 나와 있지만
코노키즈의 제품은 귀를 크게 만들어 귀여운
느낌을 강조했다. 귀 한쪽에 커다란 별을
그려 넣어 포인트를 줬다.

●●● 디어 플레이매트 Deer Play Mat
핸드프린팅한 광목으로 만든 놀이매트.
워싱 광목이라 부드럽고, 인체에 무해한 친환경
원료로 염색해 아이들이 뒹굴며 놀아도 안심할
수 있다. 바닥면에는 미끄럼 방지 처리를 했다.

아이템 제작기간과 비용
샘플 제작기간은 아이템마다 2~3주 소요된다.
샘플 제작 비용은 대략 10만 원 내외.
상품에 따라 비용과 시간 차이가 크다.

창업 노트

창업 자금
약 1000만 원
샘플 제작비 – 200만~300만 원,
원단 구입 및 제작, 참고용 수입 유아복 구입
– 500만~600만 원.
카메라 구입 – 200만 원.

창업 준비기간
약 1년
회사 다니면서 6개월 정도 시장조사를 하고
3개월 정도 샘플 제작 및 상품 제작을 했다.
블로그로 조금씩 판매하다 본격적으로
사업자등록 후 사이트 개설까지 1년 정도가
소요됐다.

●

●●

운영 노트

초창기 홍보
시중에 없는 아이템이 나오면 주문이 많아진다. 무엇보다 코노키즈만의 특별한 아이템을 제작하면 반응이 온다.

운영 포인트
성인복 디자인과 소재에서 아이디어를 얻었다
아동복을 만들고 있지만 성인복의 디자인과 소재 활용을 참고한다. 매 시즌 파리, 뉴욕 등의 컬렉션을 확인하며 유행할 컬러와 소재를 파악하고 아이 옷에 시도해보는 식이다. 〈보그 VOGUE〉, 〈엘르 ELLE〉 같은 패션 잡지도 아이디어를 얻는 데 도움이 된다. 원단시장에 가도 주로 아이 옷에 사용하는 원단보다 새로운 소재에 손이 간다.

신상품을 출시할 때 이벤트로 관심을 높였다
블로그는 신상품이 나올 때 위주로 포스팅하고, 인스타그램은 평소에도 운영한다. 신상품을 출시할 때마다 블로그와 인스타그램를 통해서 이벤트를 진행하면 사람들의 관심도가 더욱 높아진다.

엄마의 하루

7:00	기상
7:30	남편 출근
8:30	아이 유치원 등원
9:30	집안 정리 후 출근
10:00	디자인 및 거래처 미팅 등 업무
17:30	퇴근
18:00	아이와 놀이, 학습, 목욕 등 육아
21:00	남편과 대화 및 개인 시간

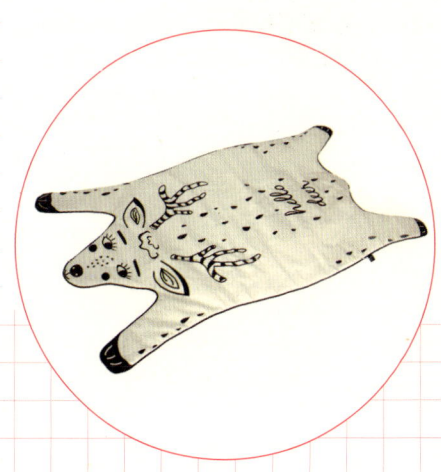

THE MAMA

이름	조하진 – 만 7세 예준, 만 3세 예훈 엄마
브랜드	더마마 The Mama
제품 종류	맛간장, 맛기름, 피클, 맛다시 등 먹거리
브랜드 콘셉트	건강한 집밥 도우미
URL	www.the-mama.co.kr, blog.naver.com/bluechjp

먹거리 브랜드 – 더마마

조하진

친정엄마의 손맛에서
힌트를 얻었다

마음의 위안을 얻는 데 음악만한 것이 없다. 기쁨은 증폭시키고 슬픔은 둥글게 안아주니까. 마음을 위로하는 데 음식만한 것도 없다. 조하진 씨는 두 가지를 자유롭게 아우르는 능력자다. 피아노 선생님이었다가 엄마가 된 후 '집밥 도우미'를 자처하고 있다. 맛의 교본과도 같은 친정엄마 레시피를 기본으로, 두 아이를 키우며 얻은 자신만의 요리 노하우를 더해 든든하고 맛 좋은 반찬과 맛간장으로 변주해낸다. 하루 10시간씩 서서 보내는 날이 숱하지만, 그럴 때마다 조하진 씨는 가장 존경하는 음악가 베토벤을 떠올린다. '가장 뛰어난 사람은 고뇌를 통해 환희를 차지한다'라고 그가 말했던가. 조하진 씨가 겪는 고단함은 기쁨을 위한 전주곡쯤 된다.

더마마는 어떤 브랜드인가?

아이에게 건강한 밥을 편하게 먹일 수 있도록 엄마를 돕는 '집밥 도우미'다. 바쁜 워킹맘, 육아에 지친 전업주부 모두 저마다의 이유로 매일 건강한 밥상을 차리는 게 여간 힘든 일이 아니다. 이런 사람에게 도움되는 브랜드를 꿈꾼다. 내가 만든 음식에 대한 사람들의 신뢰와 호응에 성취감을 느끼지만 이런 취지를 알아줄 때 더 큰 자부심이 생긴다.

어떻게 시작하게 됐나?

피아노를 전공하고 레슨하며 지내다 육아를 시작하면서 그만두게 됐다. 맛간장 사업은 지인의 권유로 2014년 1월 시작했다. 친정엄마가 30년간 만들어온 우리 집 맛간장을 먹어 본 사람이라면 일찌감치 그 맛을 인정했는데, 이제껏 친한 사람들에게 나눠주거나 교회 바자회 등에서 판매하던 게 전부였다. 아이를 키우면서 음식을 하다 보니 엄마의 맛간장이 좋은 아이템이라는 확신이 들어 카카오스토리로 조금씩 판매하기 시작했다. 2015년 초 용인에 매장을 냈고 매장에서 제조하고 판매한다. 물론 카카오스토리를 통한 온라인 판매가 여전히 가장 큰 매출이다.

친정엄마의 레시피를 그대로 살려서 만드나?

처음엔 그대로 만들었는데 고객이 주로 아이를 둔 엄마라 유아식에도 쓸 수 있게 약하게 간하고 더 건강한 느낌으로 만들어야 했다. 엄마의 레시피에 나의 노하우를 담아 업그레이드했다. 맛간장뿐 아니라 피클이나 간장장아찌 모두 친정엄마 레시피를 기반으로 만든다. 거기에 조금씩 내 아이디어와 정성이 담겼으니 모녀의 합작품이라 할 수 있겠다.

시작한 지 2년이 채 안 됐는데 판매 품목이 꽤 많아졌다.

시작은 맛간장이었지만 늘 아이를 위한 '집밥'을 만들다 보니 다른 아이디어가 샘솟았다. 채소를 마리네이드해서 만든 맛기름, 일일이 손으로 빚은 햄버그스테이크, 새우·멸치 등의 건어물, 다시팩 등 다양하다. 또한 국내에서는 더마마에서만 살 수 있는 특별한 전복을 판매하고 있다. 제부가 완도에서 일본에 전량 수출하는 전복사업을 하는데, 특대 사이즈의 국내산 전복을 수작업으로 깨끗하게 손질해 급랭한 제품이다. 일본에서 2백여 가지 위생검사를 받는 등 인정받은 질 좋은 제품이라 더마마에서도 판매하고 있다.

월 매출이 궁금하다.

평균 1000만 원 정도다. 선물할 일이 많은 때, 햄버그스테이크를 공동구매하는 달엔 더 늘고, 그렇지 않은 달은 덜하다.

먹거리 사업에서 가장 중요한 것은 뭘까?

질 좋은 재료인 것 같다. 더마마는 특히 건어물의 질이 좋은데 이것 역시 동생 부부 덕이 크다. 완도에서 사업을 크게 하므로 단골 건어물 가게에서 좋은 물건을 가져올 수 있다. 백화점에서도 찾아보기 힘든 최상급 품질이다. 건어물은 동생이 직접 손질해서 보내준다.

가장 힘든 일은?

바쁜 날은 하루 8~10시간씩 서서 일한다. 일주일에 두 번 택배 발송하는 날도 힘들다. 명절과 어버이날, 스승의 날이 있는 5월은 더하다. 오전 10시에서 밤 11시까지 줄곧 서서 일한다. 그럼에도 남편 덕분에 많이 힘들지는 않다. 퇴근해서 아이 둘을 돌봐줄 뿐 아니라 음식 만드는 날, 택배 포장하는 날에도 많이 도와준다. 햄버그스테이크 반죽은 힘이 관건인데 힘센 남편이 다 빚어주고 택배량이 많을 때는 새벽까지 함께 포장한다. 정말 힘든 것은 쉽게 제품을 카피하는 사람들이다. 친정 엄마의 30년 노하우와 나의 노하우를 바탕으로 계속 연구해 만든 제품들인데 대충 비슷하게 만들어서 싸게 파는 사람들이 있다. 용기 디자인까지 비슷하게 하는데, 그런 것을 볼 때마다 속상하다.

먹거리 창업을 꿈꾸는 엄마들에게 조언한다면?

자부심을 가질 수 있는 자기만의 레시피가 있어야 한다. 처음 맛간장을 만들었을 때부터 지금까지 늘 제품 업그레이드에 신경 쓰고 있다. 피클이나 간장에 들어가는 설탕은 모두 비정제 유기농 설탕을 쓴다. 간장과 채소를 끓이는 냄비도 수분이 밖으로 나가지 않아 열손실이 없는 7중 냄비를 쓰는데 이 또한 더 건강하고 좋은 맛을 내기 위한 노력이다. 맛기름도 대부분 채소를 넣고 튀기듯 끓이며 만드는데 더마마 맛기름은 채소를 기름에 담가 만드는 마리네이드 mainade 방식으로 만든다. 그래야 기름이 쉽게 산화되지 않고 더 깊은 맛이 난다. 좀 돌아가더라도, 오래 걸리더라도 지켜야 하는 것이 있다. 내 가족을 위해 정성껏 만든다는 생각으로 임한다면 잘해낼 수 있을 거라 믿는다. 육체적으로 매우 힘들다는 것만은 알고 시작하자. 그리고 끊임없이 공부해야 한다는 것도.

앞으로 목표가 있다면?

아직은 막연하지만 건강한 먹거리 브랜드 더마마를 중국으로 수출하고 싶다. 출산 제한 정책 때문에 아이를 한 명씩 키우는 중국 엄마들도 먹거리에 관심이 많다고 들었다. 또 직접 먹거리를 만들어 판매하는 좋은 사람들과 패키지 상품을 같이 제작해보고 싶고, 오프라인 플리마켓도 열어보고 싶다. 하고 싶은 일이 참 많다.

아이템 노트

베스트 아이템

● 맛간장, 맛기름, 고추기름
더마마를 탄생하게 한 주역.
맛있는 집밥을 만드는 도우미들이다.

●● 더마마 건어물과 김자반
완도산 건어물과 귀한 재료를 섞어 만드는
밥도둑 김자반.

●●● 시크릿 전복
한국에선 더마마에서만 구할 수 있다!
일본으로 전량 수출되는 최상급 전복으로
깔끔하게 손질해 냉동한 제품이다.

●●●● 명품 다시팩
완도산 최고 재료, 대가리와 똥을 제거한
디포리와 다시 멸치, 품질 좋은 꽃새우로
국물의 깊이를 더해주는 다시팩 세트.
이것만 있으면 진한 국물 맛을 내는 건
식은 죽 먹기다.

●●●●● 냠냠 스테끼
국내산 재료와 조씨 가문의 비법으로
만드는 햄버그스테이크.
더마마 최고의 인기 제품이다.

아이템 제작기간과 비용
좋은 재료를 공수하는 데 오래 걸리는 편이고
제품을 만드는 기간은 길지 않다.
비용은 식재료에 따라 천차만별.

창업 노트

창업 자금
약 250만 원
식자재, 병값, 부자재를 구입하는 데 든 비용.
초창기에는 카카오스토리에서 맛간장만 소량으로
판매했기 때문에 창업 비용이 적게 든 편이다.

창업 준비기간
약 5개월
주변의 권유로 창업을 결심한 뒤부터
여러 방면으로 공부했다.
온라인 쇼핑몰 사업에 실패한 경험이
있었던 탓에 더 조심스럽게 시작했다.

151

운영 노트

초창기 홍보
고객들의 입소문과 후기가 올라오면서 주문이 늘었다. 다양한 업체나 브랜드와 함께하는 플리마켓도 유익했다.

운영 포인트
좋은 식재료를 공수한다
먹는 것을 팔기 때문에 만드는 데 사용하는 식재료부터 건강하고 좋은 것만 쓰려고 한다.

카카오스토리를 200% 활용한다
창업 초기에는 맛간장으로 만든 요리 게시물을 매일같이 올렸다. 고객들도 요리 후기를 올려줬는데 그것이 더마마를 알리는 데 큰 도움이 됐다.

항상 요리 생각을 한다
블로그, 요리책, 잡지 등에서 아이디어를 얻는 편인데 그들은 아이들에게 어떤 요리를 해주는지, 어떤 요리를 어려워하는지 꾸준히 관찰한다.

엄마의 하루

7:30	기상
7:45	남편 출근, 아이들 기상
8:00	아침식사
8:30	첫째 아이 학교 바래다주기
8:45	둘째 아이 등원 준비
9:30	둘째 아이 등원시키며 매장으로 출근
10:00	블로그 글 쓰고 주문서 정리
11:00	매장 청소와 음식 만들기
14:00	택배 작업
16:30	둘째 아이 픽업 후 귀가
18:00	저녁식사 준비
19:00	저녁식사 후 첫째 아이 숙제 봐주기
20:00	씻은 후 아이들과 책 읽기
21:30	아이들 취침
22:00	블로그와 카카오스토리 포스팅
23:30	취침

HOI TEA

이름	김은아 – 만 6세 우형, 만 4세 세형 엄마
브랜드	호이티 Hoi Tea
제품 종류	과일청
브랜드 콘셉트	가족이 모여 하루 한 번 쉬어 갈 수 있는 티타임 메이트
URL	blog.naver.com/eunahoi

과일청 브랜드 – 호이티

김은아

내 아이에게 좋은 것이
모두에게 좋다

육아는 요리 울렁증이 있는 엄마까지 요리사로 만든다. 김은아 씨는 '요리가 가장 자신 없는 엄마'였지만 천식이 있는 둘째 아이에게 건강한 음식을 해주고 싶어 고민과 노력을 거듭했다. 기관지에 좋다는 생강차를 먹이려는데 생강의 매운맛에 아이가 질색했다. 수많은 시도 끝에 사과를 더해 만든 생강청은 아이는 물론 주변 엄마들의 입맛까지 사로잡으며 '호이티'의 창업 아이템이 됐다. 사실 청 만드는 것이 간단해 보여도 신경 쓸 일이 참 많다. 과일끼리 어울리는 맛을 찾기 위해 끊임없이 실험해야 하고 재료별 황금비율을 연구해야 한다. 잘 숙성시키기 위해 이틀 동안은 한 시간마다 병을 뒤집는 수고도 감내해야 한다. 이제 눈 감고도 뚝딱 청을 만들어 낸다는 김은아 씨는 몸에 좋은 것을 맛있게 먹일 줄 아는 최고의 요리사다.

**한 가지로 만든 과일청은 익숙하지만
사과와 생강을 섞은 청은 기발한 것 같다.**

둘째 아이가 천식으로 기침을 자주 해서 생강을 먹이고 싶었다. 매운맛과 향이 강한 생강을 어떻게 먹일까 고민하다 사과와 함께 재어 주었더니 곧잘 먹는 게 아닌가. 두 가지 이상의 식재료를 섞어 색다른 맛을 내는 호이티 과일청의 콘셉트를 얻은 사건이었다. 사과생강청에 이어 레몬과 딸기, 키위와 파인애플 등 호이티에서만 만들 수 있는 맛을 선보이려 애쓰고 있다.

**과일청은 누구나 쉽게 만들 수 있다.
금세 비슷한 제품이 나오지 않을까?**

누구나 만들 수는 있지만 아무나 팔 수는 없다고 생각한다. 단순해 보이지만 설탕과 과일이 어우러진 최상의 비율을 찾기 위해 여러 번의 테스트를 거쳐 계량하고 정량을 찾아낸다. 설탕과 과일을 1 대 1로 넣는 게 일반적으로 과일청을 만드는 방식이라면 나는 과일 본연의 맛을 살리고 싶어 설탕량을 줄이고 과일 비중을 높여 가며 테스트했다. 호이티의 자랑은 설탕이 굳지 않고 액상으로 잘 녹아 있는 청이란 점이다. 찬물에도 잘 녹아 에이드를 만들기 쉽고, 과일 맛도 잘 우러난다. 설탕을 완벽히 액상화하려면 하루 이틀 동안 한 시간마다 병을 뒤집어줘야 하는데 여간 힘든 일이 아니다.

원래부터 음식 솜씨가 좋았나?

먹을거리를 판매하는 지금의 내 모습이 믿기지 않을 정도의 수준이었다. 증권회사에 다니며 워킹맘으로 바쁘게 산 터라 음식을 거의 할 줄 몰랐고 둘째를 낳고 퇴사한 뒤 이유식을 만들면서 뒤늦게 요리에 입문했다. 큰아이가 워낙 입이 짧아 둘째만큼은 태교 때부터 먹는 것에 신경 썼다. 책을 참고하며 이유식을 공부하는 등 정성을 들였는데 그 내용을 블로그에 기록하다 보니 이웃이 많이 생겼고, 그분들이 호이티를 믿고 응원해주는 고객이 됐다.

시행착오는 없었나?

호이티를 시작할 때는 가을에서 겨울로 넘어가는 시기라 미처 확인하지 못했는데, 5월쯤 되니 갑자기 날씨가 더워지면서 과일청이 과숙성됐다. 배송하는 동안 과숙성된 내용물이 넘쳐서 뚜껑 밖으로 흘러나오는 일이 발생했다. 마침 스승의 날 시즌이라 아이 선생님에게 선물하려던 고객들이 난처해 했고 부랴부랴 다시 만들어 배송했다. 온 가족을 동원해 직접 배달하고 퀵서비스도 이용했다. 다행히 물건을 사신 분들 대부분이 이해해주고 오히려 응원해준 덕분에 고비를 잘 넘겼다. 내 일이 단순히 물건을 파는 게 아니고 사람과 신뢰를 쌓고 소통하는 일이라는 것을 느꼈다.

가격은 어떤 기준으로 책정하나?

사과생강청의 가격을 정할 때 생각한 것이 '내 지갑이 열릴 정도로 부담 없는 가격'이다. 500ml 용량 1병을 기준으로 1만 3500원으로 책정했다. 재료에 따라 조금씩 변동이 있지만 1년 내내 구하기 쉬운 과일을 사용할 때는 꼭 기준을 지킨다. 테스트할 때는 과일값이 저렴하다가 판매를 앞두고 갑자기 오른 적도 있지만 처음 책정한 가격대로 받는다. 큰 병에 한꺼번에 담아서 숙성시켜 작은 병에 옮겨 담는 방식이 아니라 병 하나마다 정량의 과일과 설탕을 넣고 수십 번씩 뒤집으며 숙성시키기에 손이 많이 간다. 주변에서는 이제 가격을 올려도 되지 않겠느냐고 권하지만 처음 생각을 그대로 밀고 갈 생각이다.

육아와 살림까지 병행하려면 힘들 것 같다.

호이티를 시작한 뒤 5시간 이상 잔 적이 없다. 아이들이 잠들고 오후 9시부터 일을 시작해 새벽까지 과일을 썰고, 주문서를 확인한 뒤 잠깐 자고 아침에 일어나 아이들을 챙기고 배송을 준비한다. 회사에 다닐 때와 비교하면 지금이 체력적으로 더 힘들다. 게다가 매일 창틀까지 닦던 깔끔한 성격이라 집이 지저분해도 정리하지 못할 만큼 바빠지자 스트레스를 받았다. 다행히 남편과 친정엄마의 도움을 받고 있고, 올해부터 둘째 아이가 유치원에 가면서 숨통이 좀 트이긴 했다. 집에서 하는 일이라고 호락호락하게 보면 안 된다.

내가 가장 예뻐 보일 때는?

힘들게 일해서 번 돈으로 아이들이 원하는 걸 해줄 수 있을 때, 그리고 고객에게 좋은 피드백을 받을 때. 그때 느끼는 뿌듯함과 성취감은 말로 표현할 수 없다.

매출은 어느 정도인가?

시즌에 따라 다르다. 일단 아이들 교육비 정도는 호이티를 운영해 번 돈으로 충당할 수 있다. 아이들이 원하는 놀이와 교육을 지원해줄 수 있어서 뿌듯하고, 무엇보다 나의 정체성을 찾은 거 같아서 좋다. 특히 고객이 맛있게 잘 먹었다는 얘기를 해줄 때마다 자존감이 쑥쑥 커져서 힘들어도 버틸 수 있다.

앞으로의 계획은?

과일청을 활용한 디저트 카페를 만들고 싶다. 책을 출간하는 것도 꿈이다. 일상을 풍요롭고 달콤하게 만들어줄 수 있는 내용으로 채우고 싶다.

아이템 노트

베스트 아이템

● 레몬체리청

설탕에 절인 체리의 쫀득함과 레몬의 향긋함이 조화로운 인기 제품. 에이드로 즐기기에 좋다.

●● 사과생강청

사과의 단맛으로 생강의 매운맛을 잡아 아이들도 잘 먹을 수 있다. 따뜻한 사과생강차는 감기 예방에 효과적이다. 호이티의 첫 제품이자 시그니처 제품.

●●● 청귤청

청귤이 나는 동안만 짧게 맛볼 수 있는 시즌 아이템. 청귤은 노란 감귤로 완전히 익기 전의 미숙과지만 비타민이 풍부하고 새콤한 맛이 일품이다. 감기 증세가 있을 때 따뜻하게 타 마시면 좋다.

아이템 제작기간과 비용

평균 제작기간은 7~10일 정도. 과일과 설탕 비율을 달리해 담근 뒤 숙성을 거친 후 맛을 보는 기간이다. 과일과 유리병, 설탕이 주재료이기 때문에 비용이 많이 들지 않는다.

창업 노트

창업 자금

약 40만 원

샘플 작업에 필요한 유리병 및 과일 구매, 택배박스와 에어캡 등 부자재 구매, 브랜드 로고 제작과 스티커 제작비로 사용했다.

창업 준비기간

약 일주일

이미 과일청을 담가 주위에 나눠주고 맛을 검증한 터라 자신감이 있었다. 창업을 결심한 뒤 블로그로 판매하기까지 단 일주일이 필요했다.

●

●●

운영 노트

초창기 홍보
블로그 이웃의 판매 포스팅 스크랩이 도움됐다.
한 번 구입해 먹어본 고객들의 재주문율이
높은 편이라 판매 상승세가 이어졌다.
또한 명절 선물용 제품을 판매하자 주문이
많아지고 입소문도 났다.

운영 포인트
포스팅 스크랩을 유도했다
제품 포스팅을 스크랩해가는 사람에게
할인 혜택을 주거나 추첨해 선물을 제공하는 등
릴레이 이벤트를 했다.

배송 관리를 철저히 했다
배송 중 조금이라도 제품에 이상이 생기면 곧바로
새 제품으로 교환해줬다. 예를 들어, 갑자기 기온이
높아져 과숙성된 경우나 제품이 흘러넘쳤을 때도
발 빠르게 후속 처리를 했다.

엄마의 하루

5:00	기상, 과일청 작업
7:00	아이들 아침식사, 유치원 등원 준비
8:30	아이들 유치원 등원, 집안일
10:00	과일청 재료 장보기
11:00	과일청 작업 및 택배 작업
15:00	하원한 아이들 돌보기, 저녁식사, 재우기 등 육아
21:00	집안일 마무리
22:00	블로그 작업 및 주문내역 확인, 과일청 작업
다음 날	
1:00	취침

STORY
03

'나'를 찾아 새로운 도전을 한 엄마들

루팩토리
이남윤
●
찐네 빵공장
박진희
●
젤리멜로
김민송
●
도마네
최희정
●
내안애 참기름
박은영
●
단잼
김미화
●
위드제이
김미나
●
땡스베리팜 by 엄마농부
한소윤

> 두드리고 두드리면 열린다.
> 문이 열리면
> 내가 걸어갈 수많은 길이
> 펼쳐진다.

LU FACTORY

이름	이남윤 – 생후 34개월 지안, 생후 15개월 지오 엄마
브랜드	루팩토리 Lu Factory
제품 종류	키즈 헤어 액세서리 및 의류, 가구, 수입 생활용품
브랜드 콘셉트	엄마와 아이가 함께 행복해지는 따뜻한 브랜드
URL	www.lufactory.com

아이를 위한 멀티숍 – 루팩토리

이남윤

일단 저질렀다,
길이 보였다

이남윤 씨는 아내이자 두 아이의 엄마, 사랑받는 둘째 며느리, 그리고 '루팩토리'의 운영자다. 전업주부로 지내다 엄마표로 만들어준 헤어 액세서리가 블로그 이웃의 호응을 얻으며 '일단 저질러 보자'는 심정으로 창업에 도전했다. 그런데 액세서리를 만드는 것과 판매하는 것은 전혀 달랐다. 작업지시서가 뭔지 몰라 애먹고, 치수며 재단 등은 생각지도 않고 그린 티셔츠 그림 한 장 들고서 공장을 찾아가 모두를 당황케 했다. 하지만 포기하지 않았다. 돈 주고도 못 배울 현장의 경험들이 쌓여 이제는 일도 제법 능숙해졌다. 살고 있는 집 작은 방 한 칸에 마련한 작업실이지만 그 공간에 있을 때 비로소 가장 큰 행복을 느낀다.

엄마로서, 아내로서 새로운 일을 시작하기 어렵지 않았나?

왜 없었겠나. 사업자등록증이며 통신판매며 등록할 것도 많고 서류처리 하는 데 지식도, 정보도 부족해 애먹었다. 무엇보다 어린 아이들을 데리고 여기저기 돌아다니기가 쉽지 않았는데, 남편의 지지와 위로 덕분에 잘 견딘 것 같다.

루팩토리 오픈을 위해 특별히 공부한 것이 있나?

지금은 디자인부터 유통까지 척척 해내고 있지만 솔직히 처음에는 작업지시서가 뭔지도 몰랐다. 티셔츠 그림 들고서 공장을 찾았을 때 모두가 황당해 했을 정도로 그림 실력도 형편없고 기본기도 없었다. 지금 생각해도 창피한데, 말 그대로 무식해서 용감했던 것 같다. 원단이며 바느질 종류, 패턴, 업계 용어 등 디자인에 필요한 모든 것을 밤마다 인터넷 검색으로 익혔다. 디자인 공부는 지금도 틈틈이 하고 있다.

일하는 엄마가 된 후 가장 즐거운 변화는?

출산과 육아로 경력이 단절된 여성들이 많이 겪는 심리 변화 중 하나가 자존감을 잃는 것이다. 나 역시 그런 감정을 느낄 때가 있었는데 지금은 비록 작은 방 한 칸이지만 나만의 공간, 작업실이 있다는 사실이 너무 행복하다. 방문을 닫고 오롯이 일에 집중하면 자아실현을 이룬 느낌이다.

육아와 가정생활을 어떻게 병행하고 있나?

일을 확장하면서 시부모님과 함께 살게 되어, 육아와 가사에 많이 도움받고 있다. 또 얼마 전부터 남편이 사업 파트너가 되어 모든 일을 함께한다. 루팩토리에 새롭게 추가한 아이 가구는 가구 관련 업종에 종사하던 남편이 직접 디자인하고 만드는 것이다.

블로그에서 지금의 루팩토리까지 오는 동안 인지도가 많이 높아졌다.

문화센터나 행사장 등에서 루팩토리의 모델인 딸 지안이를 알아보는 사람이 많아 깜짝깜짝 놀란다. 또 SNS를 통해 "오늘 OO에서 봤다. 반가웠다"라는 식의 인사를 많이 받는데 그렇게 알아봐 주고 먼저 다가와 주는 마음들이 매우 고맙다. 신기하고 재미있기도 하고 한편으론 조심스럽기도 하다.

엄마들이 루팩토리를 찾는 이유는 뭘까?

딸 지안이를 낳으면서 블로그에 육아일기를 썼다. 나의 일상과 육아 정보를 공유하면서 이웃이 많이 생겼는데 지금의 단골들이다. 함께 아이를 키우고 많은 것을 공유한 엄마들이라 취향도 비슷하고 예쁘게 봐주는 것 같다. 실제로 제품을 구매하면 아이의 착용 사진을 찍어 보내며 인사를 건네는 엄마들이 많은데 그럴 때 보람을 느낀다. 또 구매자와 판매자 관계로 끝나는 게 아니라 서로 육아 상담까지 하는데, 같은 '육아맘'으로서 진정성이 통한 것 같다.

루팩토리의 운영 철학이 있다면?

아이들이 입고 쓰는 제품인 만큼 첫째는 안전성이다. 딸 지안이가 아토피피부염이 있는데, 모든 옷을 우리 지안이에게 입힌다는 생각으로 만든다. 좋은 소재를 선택하고, 아이가 옷을 입고 1박 2일 동안 편안해 하는 모습을 확인한 뒤에야 세상에 내놓는다. 독창적인 디자인을 추구하는 것도 나름대로 철칙이다. 많은 사이트와 디자인 제품을 보고 트렌드를 읽지만 패턴이나 디자인은 내 안에서 찾으려고 한다.

앞으로 계획하고 있는 일은?

올해 안에 루팩토리 쇼룸을 내고 싶다. 특히 가구는 소비자에게 선보일 공간이 필요한데 가구가 10종 정도 갖춰지면 쇼룸을 열 생각이다. 든든한 파트너인 남편이 합류했으니 가능하지 않을까. 또 친한 엄마들과 소소하게 진행하는 마켓이나 각종 박람회 등을 통해 적극적으로 홍보할 생각이다. 든든한 파트너도 생겼으니 이제 본격적으로 루팩토리를 가동할 때인 것 같다.

171

아이템 노트

베스트 아이템

● 엄마와 딸의 커플 홈드레스
감각 있는 엄마는 딸과의 커플룩에도 스타일에 신경 쓴다. 착용감이 편안하면서 허리와 밑단의 독특한 주름이 몸매를 더욱 돋보이게 한다.

●● M & M 래빗 헤어핀
토끼 목에 'M & M' 달기.
톡톡 튀는 아이디어가 반짝이는 아이템이다.

●●● 핼러윈 헤어핀
특별한 날에는 특별한 아이템이 필요하다.
핼러윈데이에 우리 아이를 주목받게 해줄 아이템.

아이템 제작기간과 비용

액세서리의 경우 빠르면 2~3시간, 장식 요소가 많으면 일주일이 걸리기도 한다. 의류는 약 2~4주 정도 걸리며 트렌치코트처럼 손이 많이 가는 제품은 5개월 이상 작업한다.

창업 노트

창업 자금

약 160만 원
웹사이트 오픈 – 50만 원.
액세서리 부자재 – 30만 원.
촬영용 카메라 구입 – 80만 원.

창업 준비기간

약 2개월
사이트 오픈 전 오랫동안 운영하던 블로그를 통해 판매를 시작해서 준비기간이 짧았다.

●

●●

운영 노트

초창기 홍보
한 가지 아이템이 히트하면 입소문이 늘고 주문량이 급증하게 된다.
인기 아이템을 개발하는 게 급선무다.

운영 포인트
블로그 경쟁력을 키웠다
루팩토리는 결혼 준비, 출산 준비, 육아를 주제로 약 5년간 꾸준히 블로그를 운영해왔다.
블로그가 최고의 홍보 수단이었다.

사은품도 센스 있게
옷을 구입하는 고객에게 옷과 어울리는 액세서리를 선물로 증정하곤 하는데 호응이 높다. 아무리 공짜로 받는 물건이라도 필요한 것이어야 더 좋은 법이다.

이벤트는 손님을 불러온다
블로그 이벤트를 하면 이웃의 이웃을 타고 많은 사람에게 노출되는데 이는 곧 매출로 연결된다.

엄마의 하루

8:00	기상
10:00	아침식사 후 첫째 아이 어린이집 보내기
11:00	둘째 아이 낮잠 재우고 게시판 및 블로그 댓글 확인
12:00	택배 포장 및 신제품 촬영
16:00	어린이집에서 첫째 아이 픽업
17:00	아이들과 놀아주고 함께 촬영
19:00	식구들과 저녁식사
20:00	아이들과 놀아주기
21:00	아이들 씻기고 재우기
22:00	사진 작업 및 블로그 포스팅
00:00	상품 제작 및 신제품 개발

다음 날
2~3:00 취침

JJIN ATELIER

이름	박진희 – 만 7세 유나 엄마
브랜드	찐네 빵공장 JJin Atelier
제품 종류	브라우니 바, 브라우니 케이크, 견과강정
브랜드 콘셉트	달콤한 행복에 빠지는 곳, 가족의 건강을 책임지는 곳
URL	story.kakao.com/ch/jjin77

간식 브랜드 – 찐네 빵공장

박진희

배우고
또 배웠다

어린 시절 박진희 씨의 꿈은 엄마가 되어 요리하고 아이를 돌보는 것이었다. 그러므로 결혼과 함께 첼리스트의 삶을 접고 전업주부를 택한 것은 자연스러운 일이었다. 하지만 엄마가 어디 그리 우아한 이름이기만 할까. 생각과 다른 엄마의 삶을 좀 더 알차게 채우고 싶어서 그는 배우기 시작했다. 시간을 쪼개 꽃꽂이를 배우고, 웨딩드레스 디자인도 공부했다. 하루는 베이킹 원데이 클래스에서 핼러윈 맞이 브라우니를 구웠는데 그날이 '찐네 빵공장'의 시작점이 됐다. '만드는 데 특별한 기술이 필요 없고, 브라우니 바를 캔버스 삼아 초콜릿으로 마음껏 그림을 그릴 수 있어서' 박진희 씨는 즐겁다. 그러고 보니 어릴 적 꿈도 이룬 것 같다. 요리하고 아이를 돌보는 것, 이제 그의 일상이고 일이다.

창업하게 된 직접적인 계기는?

2년 전 핼러윈데이 때 아이 유치원 선물로 브라우니를 구운 게 본격적인 시작이었다. 브라우니 바에 초콜릿으로 해골을 그리고 사진을 찍어서 SNS에 올렸는데, 한 엄마가 주문하고 싶다고 물어왔다. 몇 개나 만들어야 할지, 시간이 얼마나 걸릴지도 모르고 받은 첫 주문이었다. 배짱 좋게 브라우니 바 20개를 주문받고서 어떻게 배송해야 할지 몰라 직접 찾으러 오라고 했다.

브라우니를 창업 아이템으로 선택한 이유는?

만드는 데 특별한 기술이 필요 없고, 브라우니에 스틱을 꽂아 브라우니 바 형태로 만들면 그 위에 초콜릿으로 마음껏 그림 그릴 수 있다. 어릴 적 엄마와 미술 선생님의 대화를 들었는데 미술에는 재능이 없으니 다른 걸 시키라는 내용이었다. 그림 잘 그리는 남동생을 부러워하면서 '나도 잘 그리고 싶다'고 늘 생각해왔다. 브라우니 바에 그리고 싶은 걸 원 없이 그리며 한풀이를 하고 있다. 엉성하던 초콜릿 그림 실력도 자꾸 하다 보니 느는 것 같다.

다른 브라우니와 차별점이 있다면?

찹쌀가루를 넣어 쫀득함이 살아 있다. 브라우니에 아이스크림처럼 스틱을 꽂았는데 자꾸 부서지길래 보완하기 위해 찹쌀가루를 섞은 것이 신의 한 수가 됐다. 브라우니 바에 토끼, 부엉이 같은 동물뿐 아니라 배트맨, 슈퍼맨 등 만화 캐릭터를 그려 넣은 것도 인기 요인이다. 주 고객인 아이들의 취향을 고려했다. 어린이날이나 크리스마스에는 시즌 상품으로 색다른 캐릭터를 만든다.

창업 후 어떤 변화가 있었나?

결혼하면서 전공한 첼로를 그만두고 전업주부의 삶을 살았는데, 마냥 행복한 것은 아니었다. 내 삶을 위해 무언가 하고 싶었다. 아이 덕분에 색다른 도전을 하게 됐고, 아기자기하게 만드는 걸 좋아하는 성격과 딱 맞는 일을 찾았다는 사실만으로도 행복하다. 브라우니를 굽고, 초콜릿 그림을 그리는 즐거움은 낮잠 몇 시간과 바꿔도 전혀 아깝지 않다.

찐네 빵공장을 운영하며 특히 신경 쓰는 건 무엇인가?

브라우니 바 위의 그림은 초콜릿을 이용해서 그리는데 금세 굳기 때문에 섬세하게 그리기 어렵다. 가끔은 시중에서 판매하는 색색의 장식물을 써볼까 고민하지만 그럴 때마다 아이들이 먹는 음식인데 나쁜 건 넣지 않겠다는 처음의 다짐이 떠오른다. 계속 만들어보니 좋은 재료를 쓰면 더 맛있어진다는 것을 믿게 됐다. 내 아이가 먹는다는 생각으로 좋은 재료를 아끼지 않으려고 한다.

육아와 일을 병행하면서 어려운 점은 없나?

처음 시작했을 때는 밤을 새워도 거뜬했다. 브라우니를 굽고 초콜릿으로 그림을 그리는 일이 재미있었다. 하지만 올해 아이가 학교에 들어가면서 체력이 달리는 걸 느꼈다. 아이의 기상 시각인 오전 6시 30분 전에 브라우니를 한 판 구우려면 적어도 5시에는 일어나야 한다. 한 학기를 보낸 뒤에야 아이도 학교생활에 적응하고 나도 일할 때 시간을 어떻게 분배해야 하는지 알게 됐다.

앞으로의 계획은?

주로 카카오스토리, 카카오톡을 통해 주문받고 제품을 만들어서 택배로 발송하는 방식이라 제품 개발에 제약이 있다. 배송 중에 모양이 부서지지 않는 단단한 종류만 만들게 된다. 어린이날, 핼러윈데이, 크리스마스처럼 특별한 시즌에 한정 수량으로 주문제작 받는 것으로 창작 욕구를 발산하고 있다. 작업실 겸 디저트 카페를 마련해 조금 더 다양한 디자인의 디저트를 만들고 싶다.

아이템 노트

베스트 아이템

● **다양한 브라우니 바**
어린이날을 맞아 만든 어린이날 기념 브라우니 바, 핼러윈데이 브라우니 바, 외계인을 닮은 브라우니 바 등 아이들이 좋아할 만한 다양한 브라우니 바를 선보이고 있다.

●● **브라우니 케이크**
사탕, 마시멜로, 초콜릿과 다양한 꾸미기 재료를 사용한 브라우니 케이크. 특별 주문 제품이다.

●●● **견과강정**
견과류를 듬뿍 넣어 만든 견과류 바. 고소한 맛이 일품이다.

아이템 제작기간과 비용
한 번에 20개 이상 주문받으며, 만드는 시간은 3~4시간 정도 걸린다.

창업 노트

창업 자금
우리 아이 간식을 만들다 확대한 수준이어서 재료비 외에는 별도의 창업 비용이 들지 않았다. 기본 재료는 베이킹 재료상에서, 국내에서 구하기 어려운 장식 재료는 '해외 직구'로 구입한다.

창업 준비기간
약 6~7개월
다양하게 브라우니 바를 실험해보고 안정된 제품을 만드는 데 걸린 시간이다.

운영 노트

초창기 홍보
젊은 엄마들에게 입소문이 난 뒤부터 주문이 급증했다. 브라우니 바는 냉동실에 두고 차게 먹을 것을 권하고 있는데, 어떤 분이 '찹쌀이 섞여 있어 냉동실에서 꺼낸 뒤 바로 먹어도 딱딱하지 않다'며 글을 올려주셨다.
실온에 10~20분 뒀다 먹으면 더 맛있다는 댓글이 이어지면서 주문이 확 늘었다.

운영 포인트
좋은 재료가 생명이다
질 좋은 다크초콜릿을 많이 넣어 은은한 단맛을 살리고 찹쌀가루를 넣어 쫀득함을 가미했다. 브라우니는 특별한 기술 없이 누구나 만들 수 있으므로 맛의 차이는 오로지 재료에서 결정된다. 좋은 재료를 아낌없이 듬뿍 넣는 것이 가장 확실한 홍보였다.

부지런히 디자인을 개발한다
웹이나 SNS 등에서 캐릭터 이미지가 눈에 띄면 초콜릿으로 그림을 그려보면서 디자인을 개발한다. 아무리 예쁜 도안이어도 초콜릿으로 그렸을 때 느낌이 다르기 때문이다.

엄마의 하루

5:00	기상, 브라우니 반죽, 베이킹 틀 준비
8:00	남편 출근과 아이 등교
9:00	브라우니 굽기
13:30	학교에서 아이 픽업해 학원 데려다주기
15:00	제품 포장 및 택배 포장
16:30	택배 발송, 학원에서 돌아온 아이 챙기기
17:00	카카오톡으로 밀린 주문 확인하기
22:00	카카오스토리, 인스타그램 활동

JELLY MALLOW

이름	김민송 – 만 5세 우주, 만 3세 태양 엄마
브랜드	젤리멜로 Jelly Mallow
제품 종류	아이 옷, 패션 액세서리, 신발
브랜드 콘셉트	오직 여기서만 만날 수 있는 옷
URL	www.jellymallow.com

아동복 브랜드 - 젤리멜로

김민송

나만이 할 수 있는
아이디어로 승부했다

우주와 태양이 엄마 김민송 씨는 아이들에게 '꿈을 접지 않고 열정적으로 살아가는 엄마'로 기억되길 바랐다. 할 거면 제대로, 남들이 하지 않는 방식으로 잘하고 싶어 고민하다가 슈트 디자이너인 남편과 함께 특별한 날 아이들을 반짝반짝 빛나게 해줄 클래식 슈트와 드레스를 만들었다. 유아용 슈트라면 흔하지 않은 아이템이고 수요도 있을 것 같았다. 우주를 안고, 태양이를 업은 채 부부는 슈트와 드레스, 단 두 벌의 아이템을 만들어 '젤리멜로'를 창업했다. 예상대로 특히 슈트 반응이 좋았다. 손이 많이 가는 데다 아무나 쉽게 만들 수 없는 독특한 아이템이라 엄마들 사이에서 순식간에 화제가 됐다.

젤리멜로의 시작이 궁금하다.

블로그에 우주와 태양이를 낳고 키우는 이야기를 담기 시작하면서 꽤 많은 이웃이 생겼다. 남대문시장에서 유아복을 판매하는 지인이 있어 그 옷을 아이들에게 입히고 사진을 올렸는데 놀라울 정도로 판매가 잘됐다. 그렇다면 우리가 직접 해보자는 용기가 생겼다. 2013년 10월, 처음 제작해 판매한 아이템은 남자아이를 위한 클래식 슈트와 여자아이를 위한 드레스, 단 두 가지였다. 각 100장씩 제작했는데 블로그에서 판매를 시작하자마자 순식간에 매진되고 재주문에 들어갔다. 잊을 수 없는 놀라운 경험이었고, 지금도 첫 고객들에게 감사하고 있다.

수많은 아이 옷 중에 클래식 슈트와 드레스를 택한 이유는?

일단 우리가 가장 잘 만들 수 있는 아이템이어야 한다고 생각했다. 남편이 슈트 디자이너라 누구보다 좋은 옷을 만들 수 있을 거라 자부했다. 또 아이의 돌이나 기념일에 좋은 옷을 선물해주고 싶은 부모의 마음을 잘 알기 때문이다. 그래서 수익은 포기하더라도 품질만은 포기하지 않기로 했다. 제일모직의 '빈폴'을 제작하는 공장을 찾아 제작을 의뢰했고 지금까지 그 품질을 그대로 유지하고 있다. 예를 들어, '튀튀드레스'는 다른 옷보다 5배 이상의 원단이 필요하지만 특별한 날을 위한 옷인 만큼 아낌없이 투자해 만든다. 이런 마음이 전해진 걸까. 출시한 지 1년이 넘은 지금까지 베스트셀러다.

부부가 함께 운영하는데 각각 어떤 역할을 맡고 있나?

두 아이를 안고 업은 채 집에서 일하던 게 엊그제 같은데, 창업 1년 반 만에 창고만 20평 정도 되는 사무실로 옮겼다. 그 사이 남편도 합류해 이제 우리 부부가 함께 운영한다. 성격이 꼼꼼한 남편은 디자인을 총괄하고, 친화력이 좋은 나는 마케팅과 영업, 전체적인 운영을 담당하는데 각자의 역할과 능력을 인정하며 재미있게 일한다. 물론 처음부터 잘 지냈던 건 아니다. 의견 충돌과 기 싸움이 있었지만 대화를 통해 서로의 재능에 맞춰 일을 분담했다. 칭찬을 잘해주는 남편 덕분에 힘이 나고 일도 즐겁다.

단 두 벌로 시작해 현재는 많은 아이템을 선보인다. 작업이 벅차지는 않나?

2015년 봄·여름 시즌에는 총 50여 가지의 제품을 디자인·제작했다. 모두 우리 손을 거쳐 제작하므로 다양한 모티브와 디자인 영감이 필요하다. 전시에서 본 컬러 배치와 우연히 라디오에서 들은 올해의 펜톤 컬러 등 여러 방면으로 아이디어를 얻었다. 무엇보다 딸 우주가 젤리멜로의 디자인에 큰 도움을 준다. 우주가 그린 그림을 패턴 디자인에 그대로 적용해 스웨터 티셔츠를 선보였는데 반응이 아주 좋다. 어른이 흉내 낼 수 없는 독특한 매력이 있어서 앞으로도 우주와 함께 작업해나갈 예정이다. 누군가는 아이 때문에 일하는 게 힘들다고 하지만 우리는 아이 덕분에 할 수 있는 게 훨씬 더 많다.

오프라인 마켓에 자주 참가하는 것 같은데 그 이유는?

아직은 쇼룸이 없기 때문에 많은 고객에게 젤리멜로를 실제로 보여주고 소개하고 싶어 나간다. 좋은 원단과 디자인으로 자신 있게 만들기 때문에 만져보고 입혀보면 우리 옷을 더 좋아하게 된다. 워낙 사람 만나는 걸 좋아하고 현장에서 옷에 대한 반응을 바로 확인할 수 있기 때문에 쇼룸을 만들기 전까지는 자주 참가하고 싶다.

육아와 일을 병행하는 게 힘들지는 않나?

일은 무척 즐겁지만 아이들을 생각하면 미안한 마음이 앞선다. 한창 성장하는 시기이므로 육아와 교육에 대한 고민이 많다. 바쁠수록 아이들과 함께하는 시간을 더 늘리자는 게 우리 부부의 생각이다. 얼마 전부터 아이들을 돌보던 이모님도 그만 오시기로 했다. 아이들이 엄마 아빠가 퇴근하기 전까지 TV를 보며 기다리는 게 아니라 야근하는 사무실에서 텐트 치고 놀더라도 함께 있는 게 중요하다고 생각한다.

일하는 내가 가장 예뻐 보일 때는?

남편의 말에 따르면, 만든 옷을 아이에게 피팅하며 뿌듯한 표정을 짓고 있을 때 내가 가장 예뻐 보인다고 한다.

창업을 꿈꾸는 엄마들에게 조언한다면?

아직 진행형이지만 이만큼이라도 자리를 잡을 수 있었던 것은 틈새시장을 공략했기 때문이다. 돌복은 대부분 대여해 사용하지만 오히려 원단과 착용감이 좋은 슈트를 부담 없는 가격으로 판매한 것이 잘 맞아떨어졌다. 기술적인 부분은 뛰어난 기술을 가진 사람을 찾으면 된다. 나만이 할 수 있는 아이디어로 승부하기 바란다.

189

아이템 노트

베스트 아이템
● 튀튀드레스 Tutu Dress
발레리나의 발레복인 튀튀에서 아이디어를 얻은 튀튀드레스. 일반 튀튀드레스보다 여섯 겹 정도는 더 풍성하다. 스팽글을 달아서 반짝반짝 아이들을 빛나게 해준다.

●● 더블슈트 Doble Breasted Suit
성인 슈트에서나 볼 수 있는 '투 버튼' 스타일로 슬림하게 디자인했다.

●●● 도트점프슈트 Dotted Jump Suit
워싱 처리한 상품으로 수축 현상이 없으며 돌쟁이 사이즈에는 기저귀 스냅을 달아 기저귀 갈기에도 편하게 디자인했다.

●●●● 플로럴드레스 Floral Dress
기하학적인 패턴을 더해 아이들에게 시각적 재미를 줄 수 있게 만들었다.

아이템 제작기간과 비용
새로운 아이템을 만들기까지 1개월 정도 소요되며 비용은 제품 제작비와 안전기준 검증 제품에게 부여하는 KC 인증 비용을 포함해 한 아이템당 100만 원 이상 든다.

창업 노트

창업 자금
약 1000만 원
웹사이트 제작 − 100만 원,
원단과 부자재 구입 − 400만 원,
샘플 제작 − 100만 원,
그 외 기타 비용으로 사용.

창업 준비기간
약 1개월
결혼 전 여성복 쇼핑몰을 운영한 경험이 있어서 준비기간이 짧았다.

운영 노트

초창기 홍보
첫 제품이 돌복과 돌드레스였는데,
둘째 아이의 돌잔칫날 입힌 사진을 블로그
올렸더니 주문이 폭주했다.

운영 포인트
창업 초기, 블로그에 목숨 걸어라
무조건 블로그 포스팅으로 하루를 시작했다.
그랬더니 꾸준히 이웃이 생겨 초창기 매출에 큰
도움이 됐다. 지금은 아이들을 돌보면서도
손쉽게 할 수 있는 인스타그램을 즐겨 한다.

육아 정보와 일상을 공유하라
아이들 먹이고 입히는 것 등 유익한 정보를
블로그에 공개하고 공유했다. 우리 아이들
의상에 관심을 보이는 분이 많아서 실시간으로
아이템에 대한 반응까지 접할 수 있었다.

서포터를 활용하라
브랜드 서포터를 선정해 옷을 선물하면 그들이
자신의 채널에 포스팅하고 자연스럽게 제품이
노출된다. 고객 입장에서는 다양한 스타일로
연출된 모습을 볼 수 있어 도움된다.

엄마의 하루

7:00	기상
8:00	아침식사
9~10:00	아이들 어린이집 등원
10:00	출근
11:00	고객 게시판 상담
13:00	거래업체 방문 및 제품 제작
15:00	고객 응대
16:00	택배 업무
17:00	어린이집에서 아이들 하원
18:00	업무 정리 및 재고 정리
20:00	개인 SNS 활동 및 블로그 관리

작은 노하우

사업 초기에 주의할 점
간이사업자로 시작하더라도 매입 자료를 반드시
확보해둘 것. 작은 규모로 시작한다고 매입·매출
자료를 간과했다가는 종합소득세 폭탄을 맞기
십상이다. 공장을 선택할 때도 사업자등록을 제대로
한 곳과 투명하게 거래하는 편이 안전하다.

DOMANE

이름	최희정 - 생후 25개월 서영 엄마
브랜드	도마네 Domane
제품 종류	나무 도마
브랜드 콘셉트	요리하는 여자의 시작, 나무 도마
URL	www.domane.co.kr

도마 브랜드 - 도마네

최희정

평생토록 하고 싶은 일을 찾았다

엄마가 되면 도마 하나도 허투루 사용할 수가 없다. 아이에게 줄 음식 재료를 청결하게 다듬는 바탕이 되기 때문이다. 최희정 씨도 엄마가 된 후에야 도마의 중요성을 깨달았다. 취미였던 목공을 직업으로 삼고 이것저것 만들다 보니 나무로 만들 수 있는 최고의 작품이 도마라는 생각이 들었다. 요즘 도마는 실용적 도구를 넘어서지 않던가. 음식을 담는 그릇이었다가 식탁 위 센터피스로 활약하고 때로는 액자 같은 인테리어 소품으로도 변한다. 최희정 씨는 도마라는 하나의 품목에 집중해 품질을 높이고 작업 과정을 단순화해 경쾌하게 창업에 도전했다. 가족의 건강을 책임지는 가장 중요한 도구를 만들고 있다는 '도마네' 대표로서의 자부심으로 일한다.

창업하게 된 결정적인 계기가 있나?

결혼 전 10년간 다니던 직장을 그만두고 취미생활에 집중했다. 좋아하는 일을 평생의 업으로 삼고 싶었기 때문이다. 도자기, 가구 등 DIY에 관련된 것들을 배우며 천직을 찾으려고 했는데, 가구 제작 수업을 듣다가 강사였던 남편을 만나 결혼까지 하게 됐다. 평생 직업뿐 아니라 평생을 함께할 짝꿍까지 만난 것이다. 결혼 후 도마네를 기획하고 조금씩 준비하다가 아이가 6개월쯤 됐을 때 더는 미루면 안 되겠다는 생각에 본격적으로 시작했다.

나무 도마의 매력은?

유리, 플라스틱, 실리콘, 나무 등 다양한 재질의 도마를 사용해봤는데, 마지막에 선택한 것이 나무 도마다. 자연에서 온 것이니 해로운 성분이 적고, 탄성이 좋아 손목에 무리가 가지 않는다. 베이킹소다나 식초 등의 천연세제로 씻어 바람이 잘 통하는 곳에서 말리면 세균 걱정도 없다. 재료를 다듬을 때 나는 경쾌한 칼질 소리, 은은한 나무 냄새도 매력적이다.

대량생산하는 저렴한 도마도 많은데 사람들이 도마네의 도마를 찾는 이유는 무엇일까?

도마네 전체 고객의 70%가 맞춤 도마 제작을 의뢰한다. 어머니를 위한 가벼운 도마, 플레이팅에 쓸 다양한 모양의 도마, 대식구의 며느리가 원하는 가로로 긴 도마 등 용도도, 사연도, 구매자도 다양하다. 오늘날 도마는 음식 재료만 다듬는 주방 도구가 아니다. 액자가 됐다가 음식을 담는 그릇이 되고 식탁 위 센터피스가 되기도 한다. 패션용품 못지않은 다양한 디자인을 할 수 있다고 자부한다.

도마네의 성공 포인트는 무엇이라고 생각하나?

나무 가구를 디자인하고 만드는 곳은 많지만 도마만을 취급하는 곳은 거의 없다. 독보적인 제품으로 고객을 만족시키고, 작업 과정을 단순화해 나 자신도 지치지 않고 일할 수 있는 환경을 만들었다. 나무로 만들 수 있는 모든 것을 다루려 했다면 오래 유지하지 못했을 것이다. 아이를 위해 요리하면서부터 디자인뿐 아니라 실용성과 위생, 활용도에 더욱 신경 쓰게 됐다. 이런 마음이 주로 엄마인 고객들에게도 잘 전달된 것 같다.

도마 디자이너이자 도마 브랜드 대표로서의 포부는?

내가 만든 도마는 캔버스고 주부는 그 도마 위에 음식을 디자인한다고 생각한다. 양파, 대파, 고기 등의 식재료가 요리에 어울리는 모양으로 다듬어지고, 가족을 사랑하는 엄마의 마음을 보태어 건강한 음식으로 완성된다. 도마는 집밥의 디자이너다. 이 소중한 물건을 건강에 해롭지 않게 만드는 것이 내 일이다. 도마네의 나무 도마는 하드목으로 만든다. 나무는 크게 소프트목과 하드목으로 나뉘는데, 소프트목은 쉽게 물러지지만 하드목은 밀도가 높고 내구성이 좋아서 칼자국이 잘 나지 않는다. 좋은 나무로 고객의 취향과 용도에 맞게 디자인하고, 친환경 도료로 마무리한다.

육아와 병행하기 힘들지 않나?

아이 키우면서 하는 일 중 쉬운 게 어디 있겠나. 육체적으로는 힘들지만 엄마와 아내 역할을 놓치지 않고 일할 수 있어서 정신적 스트레스는 한결 적다. 일하는 즐거움 때문인 것 같다. 아이에게 도마를 만드는 모습을 보여줄 수 있어 자랑스럽고 즐겁다. 남편의 도움도 크다. 연애하기 전 사제지간으로 만났기 때문에 나에겐 멘토나 다름없다. 남편은 '초코나무'라는 공방을 운영하며 가구를 만든다. 각각 쇼룸은 다르지만 나무를 자르고 공정하는 작업실은 함께 쓴다. 간혹 도마네로 소가구 제작 의뢰가 들어오기도 하는데 남편의 조언이 큰 힘이 된다.

목공 브랜드를 창업할 때 쇼핑몰과 쇼룸, 작업실이 모두 필요할까?

내 경우는 남편의 작업실이 있어 크게 고민하지 않았지만 디자인부터 제작까지 하려면 작업실은 당연히 필요하다. 처음부터 다양한 기계를 갖춘 작업실을 오픈하기 힘들다면 거래처를 두는 것도 방법이다. 직접 눈으로 확인하고 손으로 만져본 후 구입하고 싶어 하는 고객이 있으므로 온라인 쇼핑몰과 오프라인 쇼룸을 함께 갖추면 훨씬 좋다. 하지만 경제적으로나 육체적으로 두 배로 일이 많아지므로 사업이 어느 정도 자리를 잡은 후에 해도 늦지 않다.

목공 브랜드 창업을 꿈꾸는 엄마들에게 조언한다면?

나무를 다루는 일은 에너지 소비가 엄청나다. 남들과 다르게 디자인해야 한다는 정신적인 압박감도 크다. 2~3개월만 배워도 필요한 스킬을 금세 익힐 수 있어 무작정 시작하는 경우도 있는데, 제품의 종류, 디자인의 방향성, 작업실과 쇼룸의 유무 등 꼼꼼히 따져봐야 할 것이 많다. 온라인 사이트나 쇼룸부터 만들고 디자인이나 공정 과정을 다른 사람에게 맡기는 경우도 있는데 자칫하면 배보다 배꼽이 더 커진다. 육아를 병행하는 엄마라면 에너지를 잘 안배해야 한다. 롱런을 위해서 구체적인 제품을 정해 집중하기를 권한다. 트렌드에 뒤처지지 않도록 디자인 공부도 꾸준히 해야 한다.

앞으로의 계획은?

도마는 음식과 떼려야 뗄 수 없는 물건인 만큼 음식과 관련된 일도 해보고 싶다. 요리 전문가나 기업과 연계해 요리나 플레이팅을 배우는 쿠킹클래스를 열고 싶다. 도마 만들기 클래스는 지금도 문의가 많은데 쇼룸의 여건이 허락하지 않는다. 두 번째 쇼룸은 사람들과 함께 교류할 수 있는 공간으로 만들고 싶다.

Domane

아이템 노트

베스트 아이템
● SWAG 도마
재료 손질용 도마로 사용하거나 캠핑·피크닉·홈파티에서 메인 접시로 사용해도 좋다.

●● 월넛 롱서빙보드
호두 나무인 월넛Walnut을 사용해 연한 갈색 계통의 색상이 매력적인 제품. 빵 도마, 커피와 디저트를 담는 접시나 트레이로 사용하기에 좋다.

●●● 네버랜드 도마
일반적인 커팅보드의 단조로움을 벗어나 좀더 톡톡 튀게 디자인한 제품. 요리의 즐거움이 커진다.

아이템 제작기간과 비용
대부분 혼자 디자인하고 작업하므로 제품 하나당 짧게는 일주일에서 길게는 1개월 정도 소요된다. 새로운 목재를 사용할 때는 목재 특성을 파악하기 위해 시간을 두고 작업하므로 1~2개월 정도, 그보다 길어지는 경우도 있다. 제작 비용은 한 번 작업하는 데 10만~20만 원 정도.

창업 노트

창업 자금
약 1500만 원
매장 임대보증금 – 700만 원,
월세 – 55만 원,
가구 등 재료 비용 – 150만 원,
인테리어 – 300만 원.

창업 준비기간
약 1년
급하게 시작해 1~2년 정도 후에 그만두는 사례를 많이 봤기에 철저한 준비가 필요하다고 생각했다. 홈페이지와 블로그를 만들고, 샘플 제품을 제작해 지인들의 사용 평가를 듣고 보완하기까지 6개월 이상 소요됐다.
매장 자리를 알아보는 데 2개월,
인테리어 준비하는 데 1개월 정도 필요했다.

운영 노트

초창기 홍보
오픈하기 2개월 전부터 블로그, 홈페이지, 플리마켓 등 여러 판로를 통해서 사전홍보를 했다. 집들이 선물, 결혼 선물 등의 주문제작으로 알려진 뒤부터는 기업의 대량주문도 조금씩 들어온다.

운영 포인트
A/S에 신경 쓴다
사용하면서 칼집이 많이 생기거나 관리를 잘못해 문제가 생긴 도마에 대해 대패질, 샌딩, 오일 마감 같은 A/S 처리를 해준다. 또한 문제가 생긴 도마를 반품하고 신제품을 대체 구매하면 30%를 할인해주는 등 후속 이벤트를 병행했다.

스케치업을 활용했다
주문제작 제품을 판매할 때 가장 중요한 것이 샘플 이미지를 보여줘야 한다는 것. 디자인 프로그램인 스케치업Sketch Up을 활용해 3D 이미지와 사이즈 등을 보여주면서 손님과의 소통이 편리해졌다. 사용법이 간단해 인터넷 검색으로도 쉽게 배울 수 있다.

'꿀 정보'를 함께 포스팅한다
단골 맛집 정보나 아이와 함께 가기 좋은 여행지 등 유용한 생활 정보를 함께 포스팅하면 반응이 좋다.

엄마의 하루

7:00	남편 출근
8:00	기상, 아침식사, 출근 준비
9:30	아이 어린이집 등원시키며 출근
10:00	매장 정리 및 주문내역 확인, 상품 제작, 블로그 및 홈페이지 관리
16:00	택배 발송
17:00	아이 픽업 후 매장 정리
19:00	퇴근 후 집안일
00:00	취침

작은 노하우

도움이 된 사이트
인테리어 잡지, 단행본 저자들의 블로그가 도움된다. 문고리닷컴 www.moongori.com, 손잡이닷컴 www.sonjabee.com 등 공구나 자재를 파는 곳에서도 아이디어를 많이 얻는다.

나무 도마 관리법
베이킹소다와 구연산을 뿌리거나 물에 식초를 희석해 뿌리고 닦는다. 깨끗이 헹궈 바람이 잘 통하는 곳에 말리고 윗부분이 마르면 뒤집어 아랫부분도 말린다. 열을 가하면 나뭇결대로 들뜨기 때문에 열로 소독하는 도마 살균기는 사용하지 말 것.

NAE ANAE

이름	박은영 – 만 4세 덕형, 생후 17개월 나호 엄마
브랜드	내안애 참기름 Nae Anae
제품 종류	참기름, 들기름, 미숫가루
브랜드 콘셉트	자연에서 온 소중한 한 방울
URL	www.내안애.kr

참기름 브랜드 – 내안애 참기름

박은영

시댁의 가업을
업그레이드했다

방배동 엄마들 사이에서 모르면 간첩이라 불린다는 국산 참기름 전문점 '과평상회'. 박은영 씨는 35년 전통 과평상회 며느리다. 좋은 재료를 엄선해 전통방식으로 참기름을 제조하는 이곳의 참기름은 갓 시집온 새댁의 눈에도 자랑거리였다. 젊은 엄마들에게도 좋은 참기름을 알려주고 싶어 틈틈이 착즙 기술을 배우고, '내안애 참기름'이라는 브랜드 이름까지 붙였다. 맛의 정직함을 표현할 수 있는 디자인을 고민해 패키지와 홈페이지를 만들고 홍보까지 도맡았다. 과평상회가 오프라인 매장이라면 내안애 참기름은 과평상회의 온라인 숍인 셈. 육아와 일을 병행하느라 더딘 속도에 애가 타는 날도 많지만, 가장 좋은 재료로 한 방울씩 채워온 시부모님의 참기름과 과평상회에서 삶의 속도를 배워 나가고 있다.

브랜드를 만들어 가업을 이은 이유는?

먹는 음식까지 가짜가 판치는 요즘 아닌가. 결혼 후 시댁에서 국내산 참깨와 들깨로만 짜낸 몸에 좋은 참기름을 먹으면서 브랜드를 만들면 좋겠다는 생각을 했다. 회사에 다닐 때는 머릿속으로만 상상하던 일을 첫째를 낳고 육아에 전념하면서 본격적으로 진행했다. 시부모님은 한 자리에서 오래 장사하셨고, 단골마다 다른 집 기름은 절대 못 먹는다고 이야기한다. 분당, 의정부 등 멀리 이사 간 사람들도 기름을 사러 온다. 이렇게 좋은 참기름과 들기름을 오프라인으로만 살 수 있다는 것이 안타까웠다. 온라인으로 쇼핑을 즐기는 젊은 엄마들, 멀리 살아서 찾아오기 힘든 분들을 위해 브랜드를 론칭했다.

먹거리 브랜드라 신경 써야 할 것이 많겠다. 가장 중요시하는 것은?

'원가에 타협하지 않고 소비자에게 떳떳할 수 있는 진짜 참기름 알리기'다. 내안애 참기름은 잘 키운 국내산 재료로 철저하게 관리한 깔끔한 위생 상태에서 제조한다. 맛이 좋지 않을 리가 없다. 시부모님의 35년 전통에 먹칠해선 안 된다는 생각이 늘 마음속에 있다. 고객에게 안전한 먹거리를 전하는 것이 가장 중요하므로 제조 과정마다 세심하게 신경 쓴다. 요즘은 깨를 씻는 기계도 있지만 우리는 변함없이 일일이 손으로 씻는다. 우리 가족이 먹을 음식이라고 생각하면 다 내 손으로 하게 된다. 시부모님께 배운 가치관이기도 하다. 6개월에 한 번씩 자가품질검사를 받는 것도 잊지 않는다. 몸에 해로운 성분이 나오지 않는지 성분검사도 하고 있다. 안심하고, 믿고 먹어도 좋다고 강조하고 싶다.

첫 홍보 활동은?

첫째 아이의 돌잔치 답례품으로 시작했다. 참기름은 어느 집에서든 필요한 '집밥'의 핵심 양념 아니던가. 사람들의 반응이 아주 좋았다. 처음엔 지인을 통해 소량씩 판매하다가 점점 은행 VIP 선물, 돌 답례품, 명절 선물로도 주문이 들어왔다. 홈페이지를 오픈한 이후에는 꾸준히 단골이 늘어 우리 참기름만 사 먹는다는 젊은 엄마도 많이 생겼다.

일하는 엄마가 된 후 힘든 점과 즐거운 점이 있다면?

아이가 둘이다 보니 마음은 토끼처럼 껑충 뛸 수 있을 것 같은데 실제로는 거북이처럼 느릿느릿 가는 것 같아 스트레스를 받은 적도 있다. 하지만 곧 함께 사업할 평생 친구인 남편의 조언이 힘이 됐다. 또 사람들이 브랜드를 칭찬하거나 매출이 올라가는 걸 눈으로 확인할 때 내 자신이 기특할 만큼 자랑스럽다. 회사에 소속되어 주어진 일만 처리할 때보다 몇백 배 더 값진 결과라고 생각한다. 아이는 꼭 내 손으로 키워야 한다는 생각에 회사를 그만두었는데 적어도 아이를 남에게 맡기지 않고도 할 수 있어서 좋다.

육아와 가사, 브랜드 홍보의 병행 노하우는?

아이와 함께하는 시간과 일하는 시간이 맞물리지 않도록 미리 스케줄을 짜 둔다. 첫째가 놀이학교에 가고 둘째가 낮잠을 자는 시간에 주로 일을 처리하는 편이다. 일을 계획하고 메모해두면 허투루 보내는 시간을 줄일 수 있다. 집안일과 육아는 남편이 많이 도와준다. 물론 육아에는 돌발 상황이 많으므로 시간 계획이 무의미할 때도 있다. 바자회에 참여했을 때는 아이를 업고 판매한 적도 있다.

일을 시작한 뒤 특별히 공부한 것이 있다면?

서당개 3년이면 풍월을 읊는다고 매일 출근하듯 가게에 나가 시부모님이 작업하는 걸 보며 많이 익혔다. 전통 방식으로 참기름·들기름을 짜는 법에 대한 자료도 많이 찾아 읽는다. 젊은 엄마들게 어필하기 위해 정기적으로 디자인과 식료품에 대해 시장조사도 한다. 참기름 관련 방송은 다시보기를 해서라도 꼭 찾아본다.

매출은 얼마나 되나?

오프라인 매장인 과평상회 매출은 시부모님만 아신다. 홈페이지와 블로그, 바자회 등 온라인과 특별 판매 수익은 들쑥날쑥하지만 월평균 700만 원 정도. 홈페이지를 오픈한 지 2년이 채 되지 않았는데 매출이 꾸준히 증가하고 있어 기쁘다.

성공 비결은 무엇이라고 생각하나?

품질에 대한 고집이다. 주위에서 대량생산하라는 권유도 많이 받았지만 맛이 변할 수 있어서 앞으로도 그럴 생각은 없다. 지금 당장은 매출이 커지겠지만 멀리 보면 나와 소비자 모두에게 좋은 일이 아니기 때문이다. 커피가 원두의 상태에 따라 로스팅 정도를 조절하는 것처럼 기름도 참깨인지 들깨인지에 따라 로스팅하는 정도가 다르다. 그것을 파악하고 세세히 적용하는 게 우리만의 노하우다. 장인정신을 갖고 일하려고 한다. 품질 못지않게 중요하게 생각하는 것은 패키지. 앞으로도 우리만의 로고와 제품 디자인을 위해 꾸준히 연구해갈 생각이다.

먹거리 창업을 꿈꾸는 엄마들에게 조언한다면?

건강한 식탁이 주목받는 요즘, 내 가족을 위한 먹거리 사업에는 불경기가 없다. 원료를 만드는 일에 자신 있다면 정성껏 디자인하고 블로그 등 SNS를 활용해 단골을 확보하라. 처음부터 단골을 잘 관리하고, 정직하게 음식을 만들면 안정적인 매출은 보장된다. 내안애 참기름처럼 전통이 담긴 가업을 잇는 것도 추천한다. 기술과 마음까지 전수받을 수 있다는 건 행운이다. 우리 부부 또한 부모님께 열심히 배워 가업이 더 발전할 수 있도록 노력할 생각이다. 곧 참기름과 다양한 건강식을 판매하는 작은 쇼룸도 오픈할 생각이다.

아이템 노트

베스트 아이템
● 내안애 참기름, 내안애 들기름
자연에서 온 고소한 한 방울 한 방울을 모았다. 35년 전통 장인의 노하우가 고스란히 담긴 믿음의 결정체. 100% 국산 참깨와 들깨를 타지 않게 볶아 전통 압착방식으로 단 한 번 착유하며 고소한 맛과 향이 진하다.

●● 내안애 미숫가루
고소함과 담백함이 남다른 제품. 직접 재배한 믿을 수 있는 원료와 100% 국내산 곡물이 비결이다. 어릴 적 먹어본 추억의 미숫가루를 그대로 재현했다.

아이템 제작기간과 비용
신선한 기름을 판매한다는 원칙을 지키고자 참기름, 들기름은 주문이 들어올 때마다 당일에 착유한다. 세척에서 착유까지 1시간 정도 소요된다. 제품을 담는 상자는 한 번에 1000개씩 생산하므로 제작 시 100만~200만 원 정도 든다.

창업 노트

창업 자금
약 500만 원
용기 구입 – 50만 원,
박스 및 쇼핑백 제작 – 400만 원,
웹사이트 제작 – 50만 원.

창업 준비기간
약 1년
첫째 아이를 낳은 뒤 1년 동안 브랜드 이름을 짓고 상표를 등록하는 등 기본적인 준비를 했다. 아이 돌 답례품을 시작으로 내안애 참기름이란 브랜드를 내세웠다.

운영 노트

초창기 홍보
지인들의 후기 포스팅 이후 주문이 늘었다.

운영 포인트
디자인도 경쟁력이다
보이는 것, 보이지 않는 것
두 가지 모두를 충족시켜야 한다.
품질은 기본이고, 디자인까지 좋아야
사람들의 마음을 사로잡는다.

바자회도 좋은 기회다
평소에는 SNS를 통해 홍보한다면
오프라인 마켓이나 바자회는 짧고 굵게 '반짝'
홍보할 기회다. 적극적으로 참여해보자.

엄마의 하루

7:00	기상, 남편 출근
8:00	아이들 아침식사 및 등원, 청소
10:00	제품 생산 및 택배 작업
16:00	유치원에서 아이 픽업
22:00	주문 정리 및 SNS 활동

DAN JAM

이름	김미화 - 만 5세 신일 엄마
브랜드	단잼 Dan Jam
제품 종류	잼
브랜드 콘셉트	내 가족에게 먹이고 싶은 건강한 잼
URL	www.dan-jam.co.kr

잼 브랜드 - 단잼

김미화

새로운 실험을
두려워하지 않았다

김미화 씨는 큰아버지가 운영하는 사과 농장에서 팔고 남은 사과가 안타까워 잼을 만들었다. 그렇다고 그냥 흔한 사과잼이 탄생했다면 그리 놀랄 일은 아닐 테다. 조리학과 출신이자 레스토랑 셰프로 일한 경력을 살려 사과를 시작으로 라즈베리, 팥, 단호박 같은 재료를 사용하고 놀랍게도 마늘까지 더해 잼을 만들었다. 몸에 좋은 잼을 만드는 과정을 구경하러 오라며 잼 작업실도 열었다. 생산량을 늘려 많이 판매하려는 생각보다 적게 만들어 안전한 유통기한을 지키고자 하는 정직한 브랜드 전략은 그가 엄마라서 지킬 수 있는 약속이다. 팔고 남은 천덕꾸러기 사과 하나로 '단잼'을 일군 슈퍼우먼 김미화 씨는 일을 통해 더 당당한 엄마가 됐고 더 많은 꿈을 꿀 수 있어 행복하다.

단잼의 탄생 배경은?

사과 농장을 운영하는 큰아버지가 사과를 보내주셨는데 세 식구가 먹기에는 양이 많았다. 조리학과 출신이라 이것저것 다양한 재료를 넣어 요리 실험하는 걸 좋아하는데, 사과를 베이스로 다른 재료를 섞어서 잼을 만들어보니 맛이 좋았다. 남편과 아이, 선물받은 지인의 반응도 한결같았다. 아토피로 고생하는 아이도 이 잼은 별 탈 없이 잘 먹는 거다. 그 사실을 접한 블로그 이웃과 지인들이 살 수 있느냐고 문의해왔다.

식품을 제조하고 판매하는 과정에서 어려움은 없었나?

식품을 만들어 판매하려면 식품제조업 허가를 받아야 한다. 필요한 서류가 많고 절차도 까다로운데 아무것도 모르고 시작한 터라 고생했다. 즉석식품을 제조할 건지, 가공식품을 만들 건지, 유통기한은 얼마나 설정할지, 어떤 방식으로 판매할지 등 결정해야 할 일이 너무 많았다. 구청 식품위생과, 세무서, 보건소 등을 뛰어다니면서 하나씩 준비했다.

운영할 때 특별히 신경 쓰는 부분이 있다면?

단잼은 주문제작 시스템이다. 주문이 들어온 뒤 잼을 만든다. 몸에 좋지 않은 화학첨가물이나 설탕은 적게 쓰고 과일을 많이 넣어 만든다. 아토피로 고생하는 아이 때문에 신경 써서 먹거리를 고르고 만들던 게 습관이 된 것 같다. 설탕량을 늘리거나 첨가물을 넣으면 유통기한이 길어지지만 초심을 지키려 한다. 단맛이나 잼의 농도는 주로 사과로 맞추며, 금세 갈변하는 사과의 특성 때문에 한 번에 10~15개 분량만 만든다. 간혹 선물받은 잼이 변질됐다는 컴플레인을 받을 때가 있다. 단잼은 냉장 보관해야 하는데, 시판 잼처럼 실온에 둔 탓에 곰팡이가 생긴 경우가 대부분이다. 그럴 때는 아무 말 없이 새로 만든 잼을 다시 보낸다.

제조부터 포장, 판매 등 모든 작업을 혼자 한다.

품목이나 주문량이 많은 편은 아니라 혼자서도 감당할 만하다. 아이가 어린이집에 가면서 하루에 4~5종, 100개 정도의 잼을 만들고 있다. 아이가 잠들 때 일해야 하는데 아토피가 심해져 밤마다 잠을 설치던 돌 무렵에는 조금 힘들었다. 원래 만드는 일을 좋아해 메뉴 개발뿐 아니라 패키지 디자인에도 관심이 많다. 핀터레스트, 인스타그램 같은 SNS, 잡지, 여행 등을 통해 영감을 얻는 편이다. 다만 몸으로 하는 일은 누구나 웬만큼 할 수 있지만 디자인을 잘하는 건 어렵다. 감각 있는 사람에게 도움을 얻어 아이디어를 현실화할 수 있으면 좋겠다.

최근 새로운 작업실을 마련했는데?

내가 살고 있는 울산에서도 비교적 한적한 동네에 새 작업실을 마련했다. 제품을 개발하고 작업하는 공간이지만 단잼이 어떻게 만들어지는지 궁금하거나 구매하러 오는 분들이 쉬었다 갈 수 있도록 꾸몄다.

일하는 내가 가장 예뻐 보일 때는?

종종 나를 보러 직접 오는 고객이 생겼다. 아무래도 신경이 쓰여서 예쁜 에이프런을 준비하기도 한다. 그런 내 모습이 예뻐 보인다.

새로운 일에 도전하려는 엄마들에게 조언한다면?

쉽게 얻으려고 하면 쉽게 잃는다. 사소한 정보라도 어렵게 얻으면 그 과정이 아까워서라도 소중하게 여긴다. 실패가 두려워 마음만 갖고 실천하지 않는 경우가 많은데, 무언가 해야겠다고 마음먹었다면 전화를 하거나 직접 방문해서 필요한 절차를 묻고 준비해보라고 권하고 싶다.

아이템 노트

베스트 아이템
● **갈릭밀크잼**
단잼의 베스트 잼. 한국인의 입맛을 고려해 마늘을 이용한 밀크잼을 만들었다. 마늘과 바질 잎을 섞어 밀크잼의 리치한 맛을 적당히 잡아준다. 마늘을 좋아하는 사람이라면 분명히 반할 만한 맛이다.

●● **블루베리애플잼**
블루베리로 만들어 많이 달지 않으며 사과의 아삭함이 살아 있다. 아이와 어른 누구나 무난하게 즐길 수 있는 건강한 잼이다.

아이템 제작기간과 비용
한 아이템당 제작기간은 2~3주 정도 소요된다. 만들어보고, 먹어보고, 지인들이 시식한 뒤 보완하는 과정을 거쳐 완성한다. 재료비는 과일과 설탕값이 대부분인데, 한 아이템마다 식품품목제조 허가를 받아야 해서 품목당 50만 원 정도 비용이 든다.

창업 노트

창업 자금
약 730만 원
홈페이지 제작 – 30만 원,
식품품목제조 허가 검사비 – 500만 원,
자재비 – 200만 원.

창업 준비기간
1년 정도
홈페이지 준비, 메뉴개발, 사업자등록, 제품별 품목검사까지 식품제조업은 천천히 준비해야 할 것들이 많아 준비기간이 긴 편이다.

운영 노트

초창기 홍보
지인부터 아이 엄마들까지, SNS에 단잼을 먹어본 이들의 후기가 이어지면서 주문이 점차 늘어났다. 당연한 말일 수도 있지만 '내가 그런 일을 겪었다면?'이라고 생각하며 어떤 문제도 기분 상하지 않게 응대했다.

운영 포인트
소통이 가장 큰 홍보다
창업 초반에 잼을 활용한 요리법을 블로그와 SNS에 포스팅하며 엄마들과 소통한 것이 큰 도움이 됐다.

창업 강좌를 꼼꼼히 챙겨본다
유명한 프랜차이즈 사이트나 인터넷에 나와 있는 창업 강좌를 자주 본다. 같은 업종은 아니더라도 배울 것이 많다.

시식용 잼으로 구매를 유도한다
택배 발송 시 고객이 주문한 제품 외에 한두 가지의 다른 맛의 잼들을 함께 보낸다. 맛보고 마음에 들면 다음 구매로 이어진다.

엄마의 하루

7:00	기상
8~9:00	아이 밥 챙겨주고 유치원 바래다주기
10:00	가게 출근
11:00	청소 및 작업
17:00	퇴근
18~19:00	식사 준비 및 청소
20~21:00	아이 재우기
22~00:00	사이트 주문서 작성 및 작업

WITH J

이름	김미나 - 만 4세 주아, 생후 15개월 은아 엄마
브랜드	위드제이 With J
제품 종류	아이 옷, 놀이매트, 리빙소품
브랜드 콘셉트	내 아이와 함께 자라는 위드제이
URL	www.thewithj.com

아동복 & 아이용품 브랜드 - 위드제이

김미나

육아용품에도
내 스타일을 담고 싶었다

속싸개며 놀이매트, 키재기까지, 아이 키우는 엄마들이 필수적으로 사용하는 육아용품이 있다. '꼭 사용한다면 내 스타일로 만들 순 없을까?' 김미나 씨는 늘 상상하곤 했다. 그의 상상을 현실로 만들어준 이는 친정엄마였다. 김미나 씨가 디자인을 완성하면, 솜씨 좋은 친정엄마가 재봉틀로 뚝딱 완성품을 만들어냈다. 모녀가 합작한 아이 옷은 김미나 대표가 운영하던 육아 블로그를 통해 입소문을 탔다. 2~3개월에 한 번씩 새 옷을 만들 때마다 주문이 늘어나니 재미가 붙었다. 직장 다닐 때는 경험하지 못한 일의 즐거움을 발견했고, 가장 믿음직한 사업 파트너인 친정엄마와 힘을 합해 '위드제이'를 만들었다.

전공과 전혀 다른 일을 시작하면서 변화가 있다면?

판매가 늘다 보니 더 많은 옷과 물건을 만들고 싶다는 욕심이 생겼다. 개인적인 성취감이 생겼다고 할까? 비서과를 전공하고 국회에서 일했는데, 그때와는 다른 삶의 생기 같은 게 솟았다. 창의적인 일을 한다는 사실만으로도 행복하다.

육아와 일을 병행하는 노하우가 있다면?

창업하려고 마음먹었을 때는 남편이 강하게 반대했다. 가정과 육아에 소홀해질 것이라는 우려 때문이었다. 아이가 크는 모습과 가정생활의 즐거움을 놓치지 않은 싶은 마음은 나도 비슷했다. 아이가 어린이집에 가 있는 시간에 일에 집중했다. 둘째를 낳은 후에는 친정엄마가 아이를 돌봐줘 일할 시간을 벌 수 있었다. 공동구매 형태의 판매 방식을 고수하는 것도 노하우라고 할 수 있다. 한두 가지 아이템을 정해진 기간에만 주문받고 판매하는데, 구매를 진행하지 않을 때는 비교적 시간을 여유롭게 쓸 수 있다. 대표 아이템인 도로매트와 키재기 정도만 상시 판매하기 때문에 종일 일에 얽매이지 않아도 된다.

운영하면서 어려운 점은 없었나?

디자인을 배운 적이 없고 패션 전공도 아니다 보니 시행착오를 많이 겪는다. 패턴에 대한 이해 없이 샘플을 만들다 열 번이나 디자인을 수정한 제품도 있다. 원단도 종류가 다양한데 각각의 특성을 모르면 샘플을 만들어 아이에게 입혀보고 세탁해봐야 비로소 문제점을 알게 된다. 패턴 공부를 하고 싶지만 시간이 나지 않아 책을 사 보곤 하는데, 아무래도 기술적인 부분은 전공자보다 뒤처진다.

또한 블로그로 시작해 창업할 경우 정보가 부족해서 어려움을 겪곤 한다. 예를 들어 음식물을 판매하려면 식품제조업 허가를 받아야 하는데, 이웃에게 나눠주는 개념으로 생각했다가 신고를 당하거나 벌금을 내는 사람도 있다. 블로그 이웃들과 함께 해외 브랜드 제품을 '해외 직구'했다가 고발당한 경우도 봤다. 직접 경험하거나 주위의 경험담을 들은 후에야 필요한 절차를 알게 되는 사례가 많다. 아이 옷을 판매하려면 해당 제품이 안전하다는 것을 인증하는 '자율안전확인 신고'를 해야 한다는 것, 자율안전확인 신고가 된 원단으로 옷을 만들면 따로 신고하지 않아도 된다는 것도 경험을 통해 알게 됐다.

특히 신경 쓰는 부분이 있다면?

소비자가 아이 키우는 엄마가 만든 제품을 찾는 건 품질에 대한 믿음 때문이라고 생각한다. 위드제이의 제품은 아이들이 쓰는 것인 만큼 늘 거듭 확인한다. 창업 초기에 친정엄마가 직접 제품을 만들어주셨을 때와 같은 품질을 유지하고 싶다. 품목이 늘어나고 판매량이 많아지면서 아이 옷 등 일부 제품은 공장에서 제작하는데, 바느질 땀 수부터 차이가 나더라. 앞으로 1년은 조율하면서 손발을 맞춰야 할 것 같다.

앞으로의 계획이나 목표는?

작은 스튜디오가 딸린 사무실을 얻고 싶다. 지금은 친정집을 작업실로 쓰고 있는데 친정엄마가 쾌적한 환경에서 머무실 수 있도록, 일도 편하게 할 수 있도록 말이다. 언젠가 아이에게 꼭 필요한 제품이면서, 위드제이가 직접 만든 것들로 꾸민 쇼룸을 열고 싶다.

아이템 노트

베스트 아이템
● **하우스 마그넷보드**
자석 칠판으로 그림 그리기, 자석 놀이,
한글 공부 등 다양한 활동을 즐길 수 있다.
아이 방을 더 감각적으로 만들어준다.

●● **퍼스트드레스**
내 아이의 첫 생일, 특별하고 소중한 날을 위한
드레스. 딸아이가 커서 결혼할 때 이 드레스를
다시 선물해보면 어떨까? 추억이 더해져 멋진
선물이 될 것이다.

●●● **프린세스 앞치마**
'공주 홀릭' 딸을 위한 앞치마. 요리 놀이할 때도,
공주님 놀이할 때도 프린세스 앞치마 하나면 오케이!

아이템 제작기간과 비용
위드제이 제품은 아동복과 아이 방 리빙소품으로
나눌 수 있는데, 아동복은 디자인 후 제품 제작까지
대략 1개월 정도 소요된다. 비용은 평균 10만 원대.
리빙소품은 제품마다 디자인이나 소재가 달라
기간도 2개월 가량 소요되고 샘플 제작비도
20만~100만 원 이상 든다.

창업 노트

창업 자금
약 30만 원
홈페이지 개설 – 30만 원.
그 외 원단 구입 및 포장비가 추가로 들었다.
친정엄마가 봉재를 맡아주신 덕분에
창업 비용을 크게 줄일 수 있었다.

창업 준비기간
약 6개월
블로그를 보고 주문이 들어오길래
재미 삼아 판매를 시작해 결국엔 상호명도
만들고 사업자등록도 하며 창업하게 됐다.

운영 노트

초창기 홍보

엄마가 재봉해 만들어준 제품을 블로그에 소개했을 때부터 '구입하고 싶다'는 문의가 들어왔다. 10명 정도를 예상하고 주문을 받았는데 50명이 주문했다. 당시 블로그 이웃이 200명 정도에 불과했기에 깜짝 놀랐다.

운영 포인트

정성을 들인다

처음 판매한 품목이 배기바지였다. 아이한테 입혔을 때 편하고 예쁜 핏을 찾느라 패턴 수정을 열 번도 더했다. 노력을 기울인 만큼 고객들이 만족했고 배기바지의 인기 덕분에 자리 잡을 수 있었다. 창업 초기에는 제품군을 다양하게 하는 것보다 몇 가지 품목에 집중해 만들고 품질부터 인정받는 것이 중요하다.

즐기며 일한다

전문 지식이 없어 하나하나 몸으로 부딪혀 배워야 했지만 하고 싶은 일을 할 수 있어 즐겁다. 일을 통해 삶에도 활력이 생겼다.

엄마의 하루

8:00	기상
9:30	첫째 아이 유치원 바래다주기
10:00	원단시장에 나가 신제품 제작 준비, 거래처 공장 방문 또는 택배 포장 등
15:30	가능하면 유치원에서 아이 픽업
17:30	퇴근
22:00	블로그 활동 및 사이트 점검

THANKS BERRY FARM

이름	한소윤 – 만 3세 재인, 생후 12개월 지운 엄마
브랜드	땡스베리팜 by 엄마농부 Thanks Berry Farm
제품 종류	텃밭 가공품
브랜드 콘셉트	Enjoy the First Taste & Best Quality by Mom & Nature!
URL	blog.naver.com/mariehands

텃밭 먹거리 브랜드 – 땡스베리팜 by 엄마농부

한소윤

텃밭에서
가능성을 발견했다

타샤 튜더에게 버몬트의 농장이 있었다면, 한소윤 씨에게는 일산 텃밭이 있다. 예쁜 장화를 신고 챙 넓은 모자로 무장한 그는 매일 아침 텃밭으로 출근한다. 밭에서 금방 딴 가지와 유기농 감자로 삼시 세끼 맛도 건강도 푸짐한 밥상을 차린다. 임신중독증으로 힘들게 낳은 허약한 아이에게 좋은 음식을 먹이고 싶어서 구한 텃밭이다. 노력한 만큼 정직하게 되돌려주는 텃밭 덕분에 엄마는 하루 3시간씩 김매고, 매일 텃밭에서 벌어지는 일을 담아 카페에 포스팅했다. 그러다 직접 키운 바질로 페스토를 만들고, 토마토로 잼을 만들어 플리마켓에 판매하기 시작했다. 그사이 허약했던 아이는 밥 잘 먹는 '튼튼이'로 자랐다. 한 평 텃밭으로 가족의 건강이, 무엇보다 한소윤 씨의 삶이 달라졌다.

텃밭 농사를 짓기 시작한 이유는?

요리를 즐겨 하고 허브를 좋아하는데 주변에서 허브를 구하는 일이 쉽지 않았고 가격도 만만치 않았다. 또한 직장생활로 심신이 지쳐갈 즈음 새로운 돌파구가 필요했다. 그래서 힐링의 방법으로 오랫동안 꿈꾸던 나만의 텃밭을 일구기 위해 4년 전 서울에서 파주, 일산으로 이사했다. 첫째 아이가 생기자 우리 가족을 위해 더욱 책임감 있고 정직하게 농사를 지어야겠다고 마음먹게 됐고 텃밭지도사 과정 이수, '쌈지어린 농부학교' 디렉팅을 통해 자연과 아이들을 관찰하는 시간을 가졌다. 둘째 아이를 임신했을 때는 텃밭에서 신나게 놀며 '텃밭 태교'도 열심히 했다. 그래서인지 임신중독으로 인해 미숙아로 태어난 첫째 아이와 텃밭 태교를 경험한 둘째 아이 모두 건강하게 잘 자라고 있다. 조금 느려도 자연이 주는 그대로의 맛을 존중하며, 또 아이들이 스스로 생각하고 행동할 수 있도록 기다리면서 도시농부로 살아가고 있다.

텃밭 농사와 농작물을 가공한 음식 판매, 육아까지 병행하기 힘들지 않나?

아파트 옆 작은 노지텃밭에서 수확한 제철 작물로 제품을 만들어 오프라인 판매만 소량으로 하고 있다. 지금은 그만뒀지만 처음에는 직장에 다니면서 텃밭을 일궜다. 평일에는 퇴근할 때 텃밭에 들러 작물을 둘러보고, 주말에는 아침부터 텃밭 일을 했다. 텃밭을 가꿀 때나 마켓에 내보낼 채소를 포장할 때는 전혀 피곤하지 않다. 오히려 텃밭을 가꾸면서 삶의 활력을 찾았다. 토요일에도 새벽 5시 30분이면 눈이 떠진다.

텃밭 농사를 위해 특별히 공부한 것이 있나?

파주환경운동연합에서 진행하는 텃밭지도사 과정을 이수했다. 도시 농사의 원칙과 의미, 텃밭 농사가 주는 즐거움을 배우고, 실습하는 과정이다. 만삭일 때부터 아이를 낳고 육아 휴직 기간을 활용해 1년 과정을 들었다. 함께 교육을 받은 분과 마음이 맞아 '쌈지어린농부학교'라는 프로그램을 기획했다. 밭 갈기부터 감자 캐기, 자연 놀이 등을 하며 아이들이 자연에서 뛰어노는 프로그램이다. 인스턴트 식품에 길든 아이들이 찐 감자나 옥수수를 맛있게 먹는 모습을 보니 뿌듯했다.

텃밭 농사 과정이 궁금하다

집 근처의 10평짜리 밭을 삼고초려 끝에 빌렸다. 오이, 가지, 고추, 당근, 쌈채소, 허브 등 심고 싶은 건 다 심는다. 10평이면 너무 작지 않냐고 하는 사람도 있지만 우리 가족이 실컷 먹고도 남을 정도로 수확량이 많다. 농약이나 비료를 전혀 쓰지 않고 자연의 힘으로만 키운다. 수확한 채소를 냉장고에 넣어두면 일주일이 지나도 싱싱하다. 가공한 작물은 1년에 몇 차례씩은 '마르쉐@' 장터에 내다 판다.

텃밭을 가꿔서 좋은 점은 무엇인가?

자연 재배 방식으로 기르다 보니 농작물이 크기는 작지만 단단하다. 싱싱한 것은 물론 맛도 일품이다. 매일 밥상에 푸짐한 쌈채소를 올리니 먹는 것에 관심 없던 첫째 아이는 쌈채소와 엄마의 허브감자샐러드를 가장 좋아하게 됐다. 집 앞 텃밭은 우리가족 '생생 마트'로 필요할 때마다 텃밭에 들러 채소를 준비하고 저녁마다 남편과 아이들이 둘러앉아 맛있게 밥을 먹는 소소한 행복을 느끼고 있다. 무엇보다도 가장 많이 변한 것은 나 자신이다. 농사를 통해 삶의 철학, 가치관이 많이 바뀌었다.

텃밭 가꾸기와 텃밭 작물 창업을 꿈꾸는 엄마들에게 조언한다면?

텃밭은 다품종 소량생산 하는 게 좋다. 상추 씨앗을 뿌렸다가 싹이 너무 많이 나서 당황한 적이 있다. 상추 모종 6포기면 4인 가족이 충분히 먹을 수 있다. 오이 2개, 고추 2개, 토마토 3개 정도면 충분하다. 무엇을 얼마나 심어야 하는지, 어떻게 관리해야 하는지 모르는 상태에서 욕심부려서는 안 된다. 고추 농사를 지어서 고춧가루를 만들겠다거나 텃밭 농사로 참기름을 짜겠다는 거창한 계획을 세우면 오히려 빨리 지친다. 사 먹을 것과 심어서 먹을 것을 분리한다. 날씨가 좋아지면 무성해지는 잡초와의 싸움도 만만치 않다. 텃밭에 가는 걸 조금만 소홀히 했다가는 키우는 작물보다 잡초가 더 무성해진다. 이런 것이 소박한 농사를 포기하게 하는 걸림돌이 될 때도 있다는 걸 명심해야 한다.

앞으로의 목표나 계획이 있다면?

마트에 가면 쉽게 살 수 있는 걸 굳이 힘들게 농사를 짓느냐는 이야기를 종종 듣는다. 맞는 말이지만 내 아이, 우리 가족이 먹는 것이므로 편리함만 추구해서는 안 된다고 생각한다. 건강한 먹거리에 대한 엄마들의 의식 변화를 이끌어가고 싶다. 농사가 고부가 가치 산업이 되면 좋겠다. 올바른 철학을 가진 농부의 좋은 먹거리를 도시 소비자에게 소개하는 일도 하고 싶다. 자연은 사람을 치유하는 힘이 있다. 농사에 대해 알고 싶고, 아이에게 자연을 경험하게 해주고 싶은 엄마들을 텃밭으로 초대해 작지만 큰 행복을 나누는 게 목표다. 또한 창업한 후 지속해서 식재료 테스트를 하며 땡스베리팜 by 엄마농부만의 개성 있는 맛을 찾아가고 있다. 허브 쿠킹클래스, 어린이 쿠킹클래스도 준비 중이다.

233

아이템 노트

베스트 아이템

● **바질페스토 Basil Pesto**
텃밭에서 키운 생 바질과 오일을 섞어 만든 바질페스토는 여러모로 활용하기 좋다. 샌드위치 스프레드, 샐러드드레싱, 스테이크 소스나 피자 소스, 파스타 소스로도 쓸 수 있다.

●● **드라이토마토 마리네이드 Tomato Marinade**
텃밭에서 키운 토마토, 마늘, 양파, 대파와 함께 건조시켜 허브와 엑스트라버진 올리브오일과 함께 절인 제품. 샐러드와 피자, 파스타 등에 잘 어울린다. 식감이 쫄깃해 그냥 먹어도 좋다.

●●● **허브피클 Herb Pickle**
당근, 오이, 토마토, 무, 골든볼, 하늘고추 등에 허브를 넣어 만든 새콤달콤한 피클로 아이들도 맛있게 먹는다는 후기의 스테디셀러 아이템.

●●●● **허브솔트 Herb Salt**
깨끗한 천일염에 텃밭에서 키운 다양한 허브를 넣은 허브 소금이다. 달걀프라이, 스테이크, BBQ 등에 활용하면 허브의 풍미를 느낄 수 있다.

아이템 제작기간과 비용
아이템마다 다르며 보통 아이들을 재워 놓고 밤새워 작업한다.

창업 노트

창업 자금
약 100만 원
프린터기 구입, 유리병 구입, 식재료 및 기타 부자재 구입비로 사용했다.

창업 준비기간
본격적인 준비기간은 일주일 정도. 2년 전 도시형 장터 '마르쉐@' 출점을 계기로 창업을 준비했다. 맛 테스트, 패키지 개발 등 상품 라인업을 빠르게 진행했다.

운영 노트

초창기 홍보

'마르쉐@'와 〈맘&앙팡〉의 '엄마꿈틀'에
참가하며 제품을 선보인 후 주문량이 늘었다.
직접 재배하고 수확해 제품을 만들기 때문에
온라인을 이용한 대량판매보다 오프라인으로
아이 키우며 할 수 있는 선에서 조율하고 있다.

운영 포인트

좋은 텃밭을 구하는 게 먼저다

텃밭은 지자체에서 운영하는 도시텃밭이나
개인이 운영하는 주말농장을 분양받으면 된다.
집에서 가까운 곳에 얻어야 자꾸 들여다볼 수 있다.
처음 시작할 때는 3평이면 충분하며
주말농장은 5평, 10평 단위로 분양하는 게
일반적이다. 1년 단위로 빌릴 수 있으며,
비용은 5평에 5만~10만 원 선이다.

엄마의 하루

6:00	기상, 둘째 아이 돌보기
8:00	텃밭 활동 및 아침식사 준비
10:00	첫째 아이 어린이집 보내기
12:00	집 청소
14:00	자료 찾기 및 스크랩
17:00	어린이집에서 첫째 아이 픽업
23:00	레시피 개발 및 블로그 활동

LESSON

엄마 창업 클래스

창업 적성도
파악하기
●
창업 비용 줄이는
노하우
●
창업 지원 정책
활용하기
●
꼭 알아야 할
법적 신고 및 등록
●
엄마 창업
홍보 노하우
●
엄마들이 참여하기 좋은
플리마켓

시작이 반이라지만
막상 시작하기가 얼마나 어렵던가.
그러나 육아 중에도 블로그로 감각을 키우고
생활에서 얻은 아이디어를 실현하고
끊임없이 자기계발을 해나간다면,
언젠가 이 책의 엄마들처럼 성공한
'창업맘'이 될지도 모른다.
엄마 창업의 시작을 도울 정보만 골라
알차게 담았다.

창업 적성도 파악하기

성향에 맞는 직업이 따로 있듯 창업도 성향이 맞는 사람이 잘할 수 있다. 무턱대고 시작하기 전 자신이 창업에 얼마나 적합한 사람인지 테스트해보자. 미국에서 창업 적성을 평가하기 위해 많이 사용하는 '바움백 Baumback 설문'이다. 각 항목을 통해 개성과 열의, 결단력, 책임감, 인내력, 계획능력, 리더십, 진취성, 비판 수용도, 학습능력, 근면성 등 창업자에게 필요한 10가지 특성을 측정할 수 있다. 문항별로 1~3점까지의 점수 중 해당하는 정도를 기입한 뒤 최종 합산한다.

창업 자질 테스트

다른 사람과의 경쟁 속에서 희열을 느낀다. ( )
보상이 없어도 경쟁이 즐겁다. ( )
신중히 경쟁하지만 때로는 허세를 부린다. ( )
앞날을 생각해 위험을 각오한다. ( )
업무를 잘 처리해 확실한 성취감을 맛본다. ( )
일단 하기로 결심한 일이면 뭐든 최고가 되고 싶다. ( )
전통에 연연하긴 싫다. ( )
일단 일을 시작하고 나중에 상의하곤 한다. ( )
칭찬을 받기 위해서라기보다 업무 자체를 중요하게 생각한다. ( )
남의 의견에 연연하지 않고 내 스타일대로 한다. ( )
나의 잘못이나 패배를 잘 인정하지 않는다. ( )
남의 말에 의존하지 않는다. ( )
웬만해서는 좌절하지 않는다. ( )
문제가 발생했을 때 직접 해결책을 모색한다. ( )
호기심이 강하다. ( )
남이 간섭하는 것을 못 참는다. ( )
남의 지시를 듣기 싫어한다. ( )
비판을 받고도 참을 수 있다. ( )
일이 완성되는 것을 꼭 봐야 한다. ( )
동료나 후배가 나처럼 열심히 일하기를 바란다. ( )
사업 지식을 넓히기 위해 독서와 공부를 한다. ( )

평가 결과

41점 이하: 창업자 자질을 기른 후 창업해야 한다.
42~51점: 창업자로 '보통'의 자질을 가지고 있다.
52~62점: 창업자로 '좋은' 자질을 가지고 있다.
63점 이상: '완벽한' 창업자 자질을 갖추고 있다.

창업 비용 줄이는 노하우

창업의 성공 포인트는 초기 비용을 줄이는 것이다. 쇼핑몰부터 작업실, 사진 촬영까지 무료로 이용할 수 있는 곳이 꽤 있다. 아는 만큼 아낄 수 있는 창업 준비 공짜 백서.

저렴하게 시작할 수 있는 온라인 쇼핑몰

네이버 스토어팜
쇼핑몰과 블로그의 장점을 결합한 쇼핑몰로, 디자인에 익숙지 않은 초보자도 누구나 만들 수 있으며, 다양한 스킨과 배너가 무료 제공된다. 개인 판매회원은 실명 확인 등의 간단한 확인 절차를 거쳐 가입하고 무료로 이용할 수 있다.

1588-3819, sell.storefarm.naver.com

카페24
호스팅 가격은 무료다.
기본사양의 홈페이지 패키지는 약 20만 원 선. 또한 일정 비용을 내면 사무실, 스튜디오, 택배, 교육, 컨설팅 등 온라인 쇼핑몰 운영에 필요한 모든 것을 해결할 수 있는 카페24 창업센터를 이용할 수 있다. 입점하면 택배 서비스가 건당 약 1760원 VAT 포함으로 저렴하게 사용할 수 있다.

1588-3413, www.cafe24.com

NHN 고도몰
나만의 특색 있는 쇼핑몰을 원할 때 유용하다. 무료형 가입비 별도, 임대형, 독립형 중에서 선택할 수 있고, 최근 해외 구매대행 쇼핑몰 창업에 도전하고 싶은 예비 창업자들을 위해 월 솔루션 가격이 저렴한 상품을 출시했다.

1688-7662, www.godo.co.kr

무료 촬영 스튜디오

네이버 파트너스퀘어 포토스튜디오
스토어팜, 네이버 쇼핑 서비스 및 검색광고 광고주라면 스튜디오 공간과 소품, 촬영세트는 물론 카메라와 렌즈까지 무료로 이용할 수 있다. 역삼역과 왕십리역 두 곳을 운영하고 있으며, 홈페이지 '스튜디오 예약'에서 직접 예약하면 된다.

1544-2937, photostudio@navercorp.com

꿈수레 상품촬영실
경기도 여성능력개발센터 비즈동 1층에는 스튜디오, 상품 촬영장비, 사진 편집 프로그램까지 지원하는 상품촬영실이 있다. 경기도 거주 여성창업자에 한해 무료 이용이 가능하다. 꿈수레 사이트의 상품촬영실 사용신청에서 예약한 후 확인을 거쳐 이용하면 된다.

031-899-9156~57, www.womenpro.go.kr

창업 지원 정책 활용하기

예비 창업자의 고민은 첫째도 둘째도 자금이다. 모아둔 돈이나 남편의 투자가 있다면 좋겠지만 스스로 해결해야 하는 엄마들이라면? 모든 것이 처음이라서 언제, 어디서, 어떻게 자금을 조달해야 할지 막막할 때, 은행 대출보다 2~3% 금리가 저렴하고, 상환 조건이 좋은 정부 지원 정책을 알아두면 유용하다. 자금 지원뿐만이 아니다. 중소기업청이 운영하는 창업포털 사이트 '창업넷www.startup.go.kr'을 방문하면 다양한 유형의 지원 사업을 확인할 수 있다. 또한 '중소기업 통합콜센터'는 한 통의 전화로 정책자금, 연구개발, 창업, 소상공인 분야 등에 대한 어려움과 문의를 해결해주고 있다. 그중 엄마 창업자들이 알아두면 좋을 만한 주요 지원 정책과 사업을 소개한다.

소상공인 정책자금
소상공인을 대상으로 은행 대출보다 저렴하게 자금 대출을 지원해주는 정책. 최고 7000만 원까지 대출 가능하며 대출기간은 5년 이내. 사업자등록증을 발급받은 지 최소 3개월 이후에 신청할 수 있으며, 경쟁률이 무척 치열하다.
●
1588-5302, www.semas.or.kr

중소기업진흥공단 - 창업기업지원자금
필요한 자금 규모가 억 단위인 경우, 사업 규모가 중소기업에 해당하는 재창업자가 이용할 수 있다. 기술력과 사업성은 갖추었으나 자본력이 부족한 중소기업을 대상으로 한다. 중소기업진흥공단에 온라인으로 신청하거나 기술신용보증기금이나 지역신용보증과 같은 신용보증기관의 신용보증서를 발급받아 신청할 수 있다.
●
055-751-9000, home.sbc.or.kr

서울시 청년창업센터
서울에 살고, 창업을 꿈꾸며 열정 가득한 모든 20~30대를 위한 곳. 1~3인이 함께 사용하는 사무실을 무상으로 이용할 수 있다. 회의실과 제품 촬영 스튜디오도 이용할 수 있고, 자격 요건에 따라 50만 원의 지원금을 받을 수도 있다. 만 20~39세까지 지원할 수 있고 선발되면 1년간 이용 가능하다.
●
강남 청년창업센터 070-4633-2030,
강북 청년창업센터 070-8667-2030,
청년창업 플러스센터 02-6003-3500

여성발전센터 - 창업보육센터
각 지자체가 운영는 여성발전센터에서도 창업보육센터를 운영하고 있다. 남부·북부·동부 여성발전센터는 예비 창업자와 창업 후 2년 이내의 초보 창업자가 입주할 수 있다. 월 사용료가 2만~4만 5000원 선으로 저렴하며 입주기간은 1년. 미니 촬영 스튜디오를 갖춘 곳도 있다.
●
남부 02-802-0922,
북부 02-3399-7676,
동부 02-460-2300

경기도 여성지원센터 - 꿈마루

경기도에 거주하는 1인 여성창업자, 프리랜서라면 경기도 여성지원센터 내 문화근무공간 꿈마루를 개인 작업실로 이용해 보자. 오픈존, 네트워킹존, 미팅룸을 갖추고 있다. 또한 관리보증금 50만 원에 월 100만 원을 내면 '온라인 쇼핑몰 지원실'을 사용할 수 있다. 1실 2개 업체가 공동 사용하며 입주기간은 1년이다. 컨설팅 지원, 경영평가 시행, 박람회나 전시회 참가 비용도 지원받을 수 있다.

●
031-899-9156~9157,
www.coworking.or.kr

여성인력개발센터 - 1인 1센터 특화 프로그램

동네마다 자리하고 있는 여성인력개발센터가 각 지역의 특성을 더해 더욱 전문화되었다.
서대문구 eco-DIY 인테리어 디자인 전문가, 02-332-8661,
송파구 홈플래너 양성과정, 02-430-6070,
영등포 법무사무원, 맞춤형 3D 프린팅 융복합 전문인력양성, 02-858-4514,
관악구 핸드메이드 가죽 공예 디자이너, 02-886-9523 등 22개 기관이 24개 과정을 집중적으로 교육한다.

●
02-318-5880,
www.vocation.or.kr

여성새로일하기센터

취업을 하고 싶지만 무엇을 해야 할지 모를 때는 일단 좋아하는 취미를 찾아 개발하는 것도 방법이다. 찾아가는 취업 지원 서비스부터 인턴십 지원, 취업 연계 후 사후 관리까지 받을 수 있다.

●
02-2100-6209,
saeil.mogef.go.kr

서울시 소상공인 창업아카데미

서울지역 예비 창업자 및 기존 소상공인에게 전문적인 창업 관련 정보와 사전 지식 교육을 제공한다. 오프라인과 온라인 교육 모두 무료다. 서울특별시 창업스쿨 홈페이지에서 인터넷 접수, 선착순 모집온라인 교육은 인원수 무제한한다.

●
1644-3940,
school.seoul.kr

창업넷 - 온라인 쇼핑몰 입점 지원

1인 창조기업이면서 온라인 쇼핑몰 판매가 가능한 품목을 개발했다면 '톡톡 아이디어샵'을 노크해보자. 11번가, 네이버, G마켓에 입점해 판로를 뚫을 수 있다. 4~12월 상시 접수할 수 있다.

●
창업진흥원 지식서비스팀 042-480-4384,
중소기업 통합콜센터 1357

꼭 알아야 할 법적 신고 및 등록

엄마 창업자들이 가장 어려워하는 것 중 하나. 하지만 한 번 제대로 챙겨두면 여러모로 편하다. 사업자등록은 가장 기본적인 신고 절차이며 먹거리 판매인지, 자신이 디자인한 제품인지에 따라 식품제조업 허가, 디자인등록 등을 해야 한다.

무엇이든 팔고 싶다면? 사업자등록
사업자등록은 사업을 시작한 날로부터 20일 이내에 신청한다. 사업을 시작하기 전 미리 사업자등록을 해두고 시설 투자나 상품 구입 시 매입세금계산서를 받아두면 매입세액 공제를 받을 수 있다. 홈텍스에서도 신청이 가능하다.
●
신청 절차
① 신분증과 인감도장을 지참해 관할 세무서를 방문한다.
② 납세서비스센터에 비치된 사업자등록 신청서를 작성해 제출한다.

※ 법인사업자의 경우 법인등기부등본, 정관, 주주명부가 추가로 필요하고, 사업장을 임차한 경우 임대차예약서 사본 1부, 허가를 받아야 하는 사업의 경우 사업허가증 1부, 사업 개시 전 등록 하려는 경우 사업허가신청서 사본이나 사업계획서, 2인 이상 공동으로 사업하는 경우 동업 사실을 증명하는 동업계약서가 필요하다.

온라인 판매를 하려면? 통신판매업 신고
인터넷을 통한 전자상거래는 물론이고 우편, 신문, 잡지 등의 매체를 통해 광고를 하고 상품이나 용역을 제공하는 업종이 모두 통신판매업에 속한다. 허가를 받는 것이 아니라 관할 구청에 신고만 하면 되므로 긴장할 필요는 없다. 인터넷 '민원24'를 통해 등록할 수도 있다.
●
신청 절차
① 사업자등록증 사본 1부와 신분증을 지참하고 농협, 국민은행, 기업은행 중 한 곳을 방문한다.
② 사업자 명의로 계좌를 개설하고 기업 인터넷뱅킹을 신청한다.
③ 인터넷뱅킹에 접속해 '에스크로 이체'를 클릭, 기업 계좌용 공인인증서를 발급받는다.
④ 은행에서 구매안전확인증을 발급, 구매안전확인증을 지참하고 시청이나 구청을 방문해 통신판매업 신고를 한다.

식품을 만들어서 판매하려면? 식품제조업 허가

식품을 오프라인 매장에서만 판매한다면 필요 없지만 홈페이지, 블로그 등 온라인에서 판매할 때는 반드시 식품제조업 허가를 받아야 한다. 시·군·구청 식품위생 담당 부서에 가서 영업 허가에 필요한 시설 기준과 서류를 알아보자.

●

신청 절차

① 식품제조업 허가를 받으려면 위생적인 시설이 필수다. 시설을 갖춘 후 식품영업등록 신청서를 첨부해서 신청 서류를 제출하면 담당자가 방문해 현장 평가를 한다.
② 식품제조업 허가증을 첨부한 사업자등록증을 신고한 후에는 식품위생 교육을 받는다. 한국식품산업협회 www.kfia.or.kr에서 온라인 교육을 받아도 된다. 위생교육 관련 교육기관 문의는 보건복지콜센터129에 확인하면 된다.
③ 품목제조 보고서, 제조방법 설명서와 유통기한 설정 사유서를 준비한다. 유통기한을 설정할 때 유사 제품을 찾지 못하면 별도의 공인기관한국식품과학연구원 www.katri.or.kr, ㈜영웅생명과학 www.youngwoong.net 등에서 성분검사 후 유통기한을 받아야 한다.

내 소중한 디자인을 지키려면? 디자인등록

물품의 형상, 모양, 색채 또는 이를 결합해 디자인한 것을 등록하면 자신의 디자인 권리를 보호받을 수 있다. 본격적인 신청에 앞서 디자인특허청에 문의해 출원인 코드를 발급받아야 한다. 특허출원 과정에서 사용하는 식별정보로, 주민등록번호와 흡사한 개념이다. 주민등록번호, 성명, 주민등록상의 주소만 있으면 발급받을 수 있다. 내 창업 아이템과 유사한 아이템이 있는지 궁금하다면 특허청 검색 홈페이지 키프리스 www.kipris.or.kr를 통해 미리 확인하는 것이 좋다.

●

신청 절차

① 특허청에 디자인등록 출원서와 디자인 도면이나 사진을 제출한다.
② 출원번호를 부여 받는다.
③ 출원서를 전자화해 출원서 방식을 심사 받는다.
④ 등록 요건을 심사 받으면 등록 여부가 결정된다. 심사에 통과하면 등록이 결정되는데 통과하지 못하면 의견제출 통지를 통해 보정서를 제출해야 하고 재심사를 받는다.
⑤ 등록이 결정되면 등록료를 내고 등록증을 발급받는다.

내 기술을 지키려면? 특허등록

제품이나 기술을 법적인 권리로 보장받을 수 있는 제도로 자신이 새로이 발명한 것에 대해 국가로부터 특허를 요구해 권리를 설정하는 행위다. 특허로 등록되려면 신규성과 진보성 그리고 산업적으로 이용할 수 있는 가능성을 갖춘 창작물이어야 한다.

●

신청 절차

① 디자인등록과 마찬가지로 특허청에 문의해 출원인 코드를 발급받는다. 발급은 특허청에서 운영하는 특허로 www.patent.go.kr에서 로그인 후 가능하다.
② 출원인 코드를 발급받았다면 특허로에서 제공하는 프로그램인 서식작성기와 전자문서작성기를 설치한다. 전자문서작성기에서 각 대항목에 맞게 특허명세서를 작성한 후 서식작성기에서 제출한다. 특허등록 비용은 등록료와 등록성사금으로 이루어진다. 1년씩 갱신할 수 있고, 최장 20년까지 유지할 수 있다.

엄마 창업 홍보 노하우

소자본으로 창업하는 엄마들에게 반가운 소식이 있다. 인터넷 및 SNS 생활화로 인해 요즘은 큰 홍보 비용 없이도 입소문의 주인공이 될 수도 있다는 것. 이 책에서 소개한 스물두 팀의 엄마 창업자들 역시 육아 블로그를 운영하며 엄마들과 소통했던 것이 가장 큰 홍보 창구가 되었다고 입을 모아 이야기했다. 그들이 강조한 홍보 노하우를 정리해봤다.

서포터를 적극 활용하라
서포터를 선정해 옷을 선물하면 그들의 일상에서 아이들이 옷을 입은 모습이 자연스럽게 노출된다. 고객 입장에서는 다양한 스타일로 연출된 모습을 볼 수 있어 홍보에 도움이 된다.

나와 찰떡궁합 SNS를 찾아라
카카오스토리, 인스타그램, 페이스북, 블로그마다 홍보 방식이 다르다. 내 성향과 맞는 SNS 채널을 찾는 게 중요하다.

온라인 활동을 할 때는 정직이 생명이다
일단 팔고 보자는 생각은 금물. 얼굴 맞대고 이야기하지는 않지만, 블로그나 SNS를 통해 쉽게 내 일상이 노출되므로 나와 가족의 얼굴을 걸고 임한다는 각오로 일해야 한다. 확실한 것이 아니면 이야기하지 않고 정확한 정보를 준다.

고객 만족이 최고의 홍보다
주문제작 시스템이라면 선주문 후 때로는 2~3주까지 고객이 기다려야 한다. 신뢰가 없으면 불가능한 일이다. 친절과 속도도 기본 요소다. 문제가 생겼을 때 최대한 친절하고 빠르게 응대하라.

사진으로 압도하라
아무리 예쁜 물건을 만들어도 사진에 예쁘게 나오지 않으면 아무 소용 없다. 어디에서 촬영하느냐도 중요하다. 예쁘다는 긴 설명보다 단 한 장의 이미지가 구매 버튼을 클릭하게 만든다.

오프라인 매장을 활용하라
온라인 숍만 운영하다 오프라인 매장에 입점하거나 쇼룸을 차리면 확실히 고객이 많아진다. 실물로 보고 옷을 만져보며 구입하므로 신뢰가 생기는 것이다. 매장을 여는 것이 현실적으로 불가능하다면 플리마켓에 참여하는 것도 좋은 방법이다.

엄마들이 참여하기 좋은 플리마켓

플리마켓은 다양한 취향, 다양한 연령대의 사람들이 몰려드는 곳이다. 온라인 숍을 열기 전에 미리 시장 반응을 살필 기회가 되며, 이미 창업한 후라도 많은 사람에게 브랜드를 알릴 수 있는 홍보의 장이 된다. 최근 몇 년 사이 다양한 콘셉트를 가진 플리마켓이 많이 생겼다. 현재 열리는 플리마켓 정보가 궁금하다면 온라인 플리마켓 카페 cafe.naver.com/pandamarket에서 정보를 접할 수 있으며, 그중 엄마들이 참여하기 좋은 플리마켓만 선별했다.

엄마꿈틀
엄마와 아이를 위한 열려 있는 육아 잡지 〈맘&앙팡〉에서 주최하며 손재주 있는 엄마를 위한 마켓이다. 매년 10월에 열리며, 솜씨 좋은 수십 팀의 엄마들이 참여해 직접 만든 제품과 육아용품 브랜드 제품을 판매한다. 엄마들끼리 육아 노하우와 정보를 공개하는 어울림의 장이 되기도 한다.
enfant.designhouse.co.kr

베이스먼트 플리마켓
유아복·아동복과 수입 출산용품, 엄마 블로거들이 직접 만든 액세서리 등을 판매한다. 엄마들에게 인기 있는 마켓이다.
cafe.naver.com/bebedressby

합정 103 마켓
꽃이 들어간 압화 소주잔, 룸스프레이 등 신기한 리빙소품이 많다. 소규모로 진행하기 때문에 셀러들의 참여 경쟁이 뜨겁다.
카카오톡 아이디 103FreeMarket

이태원 계단장
이태원 우사단로 일대에서 열리는 마켓으로 젊은층의 데이트 코스다. 매달 마지막 주 토요일 의류, 액세서리, 수공예품, 예술작품, 수제 디저트 외 각종 먹거리를 판다.
www.facebook.com/wosadan

피카마켓
성북구 안암동의 '피카 커피' 카페테라스 열리는 작은 마켓. 수제 잼, 테이블 매트 등 직접 만든 리빙소품에 관심 있는 주부들이 집결한다.
blog.naver.com/pikacoffee

명동 마나마켓
명동역 3번 출구 상상공원 근처에서 열리는 독특한 마켓. 만화, 일러스트, 캐릭터 위주의 상품들을 만나볼 수 있다.
cafe.naver.com/freesamchung

디파트먼트 플리마켓
공간 문화 사업을 하는 '디파트먼트'와 쇼핑몰 '살롱드바이미'가 운영하며 '패션 피플'이 총집결하는 패션 플리마켓이다. 다양한 온라인 쇼핑몰, 개별 모집을 통해 선정된 셀러들의 제품을 만날 수 있고 애장품 경매도 진행한다.
www.facebook.com/remakespace

서촌 예술시장
옥인동의 '아티온 갤러리'에서 주관하는 플리마켓. 핸드메이드로 만든 제품만 판매할 수 있다.
www.theartion.com

OTHER STORIES

예비 '창업맘'에게 보내는 응원의 메시지 16

민서리
•
하정
•
유혜영
•
이가윤
•
차영은
•
윤이수
•
조인숙
•
진선아

조윤주
•
유정아
•
서민경
•
이윤주
•
김지선
•
김경희
•
임정현
•
이경민

이 책에 담은 스물두 팀의 창업맘 이야기를 듣고도
여전히 용기 내지 못하는 사람들에게 전하는
마지막 이야기가 있다.
일하는 엄마로서 산전수전 다 겪고도
끝내 '행복하다' 말하는
또 다른 창업맘이자 선배들의 목소리다.
잊지 말 것. 당신은 지금도 꿈꿀 수 있고,
여전히 해낼 수 있다.

1/ 다 내려놓지 마세요. 하루 30분씩만 투자하세요
하루 20~30분이라도 관련 자료를 찾아보고 디자인을 공부해보세요.
시간이 없어서, 아이 때문에 모든 걸 내려놓지 말고요.
그 시간이 쌓여 분명 보답해줄 거예요.
www.maseestudio.com
민서리 – 35세, 베이비 셀프 스튜디오 '마씨스튜디오' 대표

2/ 대규모 상권보다 월세가 저렴한 매장을 찾으세요
온라인 쇼핑몰을 하다가 지금은 조용한 방배동 길에서 로드숍을
운영하고 있어요. 처음부터 왁자지껄하고 유동인구가 많은
곳을 피해 매장을 구했어요. 일터인 동시에 조용히 취미생활도
함께 즐길 곳이 필요했으니까요. 저렴한 가격에 많은 물건을
판매하는 대신 가격대가 높은 품질 좋은 물건을 소량 판매하는
방식을 택했어요. 만약 많은 물량을 판매하기 위해 매장을
알아본다면 유동인구가 많은 큰 상권보다 고정 손님이 많아 단골을
늘릴 수 있는 아파트 내 상가, 주택가 매장의 월세가 훨씬 저렴해요.
하정 – 38세, 여성의류 로드숍 '아파트먼트' 대표

3/ 엄마와 아이의 마음을 동시에 읽는 제품, 엄마라서 가능해요
블로그를 통해 친밀하게 지내는 이웃의 요청으로 장난감 파우치를 만들게 됐어요.
생각보다 디자인도 예쁘고 실용성도 뛰어나 블로그에 제품 사진을 올렸더니
이웃들의 반응도 좋았죠. 가벼워서 엄마와 아이 모두 사용하기 좋고,
가방에 투명창을 만들어 속이 훤히 보이도록 만드니 안에 어떤 장난감이 있는지도
쉽게 확인할 수 있어요. 물건 자랑하기 좋아하는 아이의 마음까지 읽은 제품이
완성된 거예요. 엄마와 아이의 마음을 동시에 읽는 제품을 만드는 일,
엄마라서 가능한 게 아닐까요?
www.some-n.com
유혜영 – 35세, 패브릭용품 쇼핑몰 '썸앤' 대표

틈새시장을 공략해요

육아용품은 대부분 화려한 색과 꽃무늬 일색이에요.
딸과 우리 부부가 쓸 모노톤의 침구와 쿠션을 만들면서
봄봄데코가 시작됐죠. 당시만 해도 모노톤과
격자 패턴 원단의 리빙·인테리어 소품이 많지 않아
틈새시장이었어요. 웹디자인과 의류 쇼핑몰 운영
경력이 창업에 많은 도움이 됐고요.
시장에서 트렌드를 주도한다는 짜릿함과
두 딸을 위해 만든다는 생각에 모든 일이 즐거워요.
www.bombomdeco.com
이가윤 – 39세, 침구 브랜드 '봄봄데코' 대표

아이가 더 크기 전에 도전하세요!

직접 기획하고 디자인한 어린이용 언어웨어와 교구 등은 대부분 아이에게서 아이디어를 얻어요.
밤마다 아이디어 스케치를 하며 시간을 쪼개 일을 시작한 이유예요.
부모는 아이와 함께 성장한다고 하잖아요.
아이와의 일상에서 영감을 얻고,
함께 놀면서 필요한 아이템을 떠올려요.
아이가 주는 반짝반짝한 아이디어를 머릿속에만
담아두지 말고, 당장 기획해보세요.
www.jangcha.com
차영은 – 35세, 어린이 교구 브랜드 '장차' 대표

영감이 오는 장소를 찾으세요

다시 글을 쓰려니 무엇부터 해야 할지 갈피가 잡히지 않았어요.
그러나 무슨 일이 있어도 하루에 한 줄이라도 글을 쓰자고 다짐했고,
그렇게 쓴 한 줄이 마침내 한 권의 책이 됐어요.
'시작이 반'이라는 말을 잊지 말길 바라요. 저는 창덕궁 후원을 좋아해요.
계절이 바뀔 때면 버릇처럼 찾아가 마치 왕이라도 된 듯 뒷짐을 지고 걷죠.
그렇게 걷다 보면 아주 오래전 세상에서 사라진 누군가가 말을 걸어오는 것 같아요.
네이버에 연재해 책으로 묶은 《구르미 그린 달빛》 역시 어느 해 봄,
창덕궁에서 만난 소중한 이야기예요.
윤이수 – 41세, 웹소설 작가

아이와 함께한 여행기를 출간하고 싶다면 도전해봐요

하나, 책을 내기 위해서가 아니라 아이와 여행하는 것에 초점을 맞춰보세요.
책 출간이 목적이 되면 엄마도 아이도 스트레스를 받을 수밖에 없어요.
취재해야 할 곳 위주로 동선을 짜게 되고, 사진도 연출해서 찍게 돼요.
일단 아이와 함께 가고 싶었던 여행지를 정하고 자유롭게 여행하는 것이 좋아요.
둘, 일단 끝까지 써보세요. 셋, 나의 가치를 파악하세요. 간혹 돈이 없어서 아이와
여행하기 힘들다는 얘기를 들어요. 저도 적은 돈으로 여행해요. 500만 원이 생겼을 때
아이의 사교육비로 쓰느냐, 대출을 갚느냐, 여행을 떠나느냐, 이건 선택의 문제예요.

조인숙 – 39세, 여행작가 · 1인 출판사 '버튼티' 대표

실행하지 않으면 어떤 일도 일어나지 않아요

아동복 쇼핑몰이지만 인테리어에 신경 써서 사진을 찍으면 차별화될 거라 생각해 과감하게
북유럽 스타일의 쇼핑몰에 도전했어요. 주변에 경력 단절로 인해 힘들어하고 있는
엄마들이 많은데 육아에 지쳐 자신이 원하는 일을 접는 경우가 대부분이에요.
늘 감각을 유지하고 싶었고 항상 무엇인가 하게 될 거라는 생각으로
열심히 트렌드 공부를 했어요. 실행하지 않으면 어떤 일도 일어나지 않아요.
엄마로서, 아내로서 힘들지만 그 가운데에서도 자신을 잃지 않으려고 노력한다면
반드시 기회가 찾아와요.

www.simplykids.co.kr

진선아 – 40세, 아동복 쇼핑몰 '심플리 키즈' 대표

'나'라는 존재에 대해 연구하세요

30대 초반까지 SBS와 KBS에서 방송작가로 일했어요. 둘째를 낳은 후 좋은 엄마를 꿈꾸며 전업주부를 선택했지만 '이것이 과연 바른 길일까' 수없이 고민하게 됐어요. 지금 당장 사회로 나가서 예전처럼 '폼 나는' 일을 할 순 없겠지만, 제2의 직업을 준비하는 좋은 기회가 된다고 생각했어요. 일단 무작정 다양한 분야의 책을 읽으며 '내가 하고 싶은 일은 무엇일까'를 되뇌며 나라는 존재에 대해 탐구하기 시작했어요. 성격유형검사, 자신의 강점 찾기 등의 프로그램에 참여해 스스로 알아가는 시간을 갖고 미래에 어떻게 살까 그려보았죠. 그 시간이 자신감을 회복시키고 용기를 북돋웠어요.

조윤주 – 42세, 《고마워, 캠핑》 저자 ●

궁금한 건 참지 말고, 즐거운 일은 깊이 있게 배우세요

결혼 전 요통을 다스릴 겸 요가를 하면서 몸이 건강해졌고 막연히 요가 자격증 취득에 대한 꿈을 가지고 있었어요. 결혼 후 다시 생긴 요통과 어깨 통증 때문에 본격적으로 요가를 시작했고, 몸이 가벼워지고 활력을 되찾게 됐어요. 할수록 재미있었죠.
더 알고 싶고, 더 배우고 싶다는 생각 하나로 전공을 살려 다시 시작했던 언어치료사 일을 정리하고 요가 자격증 과정을 수료했어요. 나를 설레게 하는 즐거운 일은 끝까지 배우려고 노력해요. 순간순간의 설렘이 좋아서 오래 배울 수 있거든요.
'내가 즐거운 일을 하며 사는 것이 가장 행복하다'는 생각 하나로 최선을 다하면 누구나 마음속에 담아뒀던 꿈을 펼칠 수 있지 않을까요?

유정아 – 38세, 요가 강사 ●●

11/ 주부 모델을 발굴하는 카페에 가입하세요

더 늦기 전에 도전해보라는 남편의 권유로 시작하게 됐어요. 먼저 네이버 카페 '주부모델리스트 cafe.naver.com/modellist'에 들어가 보니 엄마들이 할 수 있는 모델 영역이 생각보다 넓다는 걸 알 수 있었어요. 그게 미즈 모델 도전의 시작이었죠. 프로필을 올리기도 하고, 섭외 내용이 올라오면 지원해 조금씩 모델 일을 시작했어요. 미즈모델코리아 선발대회의 주관사인 모델리스트에서 운영하는 카페로 매년 선발대회에 참여할 모델 예선을 보기 때문에 가입하면 수상의 영광을 누릴 기회도 생겨요.

서민경 – 35세, 미즈 모델

12/ 단순하지만 아무도 시도하지 않은 디자인을 선택하세요

돌상차림 사업을 하다가 인테리어에 관심을 갖게 되었고 아무도 시도하지 않은 소품을 만들고 싶어 북유럽 스타일의 마그넷을 만들기 시작했어요. 냉장고에만 붙이는 마그넷이 아닌 현관문, 아이들 자석칠판, 철제로 된 곳 어디에 붙여도 잘 어울릴 수 있도록 별, 구름, 물방울 등 단순한 모양으로 제작했죠. 물건을 만들 때 아이가 좋아하는 것도 중요하지만 엄마가 만족할 수 있는 제품을 만들기 위해 패션, 인테리어 트렌드를 공부하며 꾸준히 노력해요.
www.meumiu.com

이윤주 – 33세, 리빙소품 브랜드 '메우미우' 대표

13/ 즐겨 보는 잡지가 있다면 패널에 도전해보세요

매거진 패널과 주부 모니터링 활동은 '육아맘'의 관심 분야를 다루기 때문에 재미있어요. 일정 시간만 투자하면 되고 미출시 제품 체험이나 다양한 클래스 무료수강 같은 혜택도 많고요. 패널은 1년, 모니터는 대개 3~6개월, 기간이 정해져 있으니 평소 관심 있는 매체나 브랜드를 눈여겨보며 스케줄을 짜면 좋아요. 잘해낼 수 있을 만큼의 활동만 하는 게 포인트예요.
blog.naver.com/jsjs0110

김지선 – 28세, 패널기자 & 주부모니터

14 / 지치고 힘들 땐 왜 시작했는지 초심을 떠올리세요

아이를 낳기 전 일러스트레이터로 활동했는데 아이를 낳고 내 일을
하지 못한다는 스트레스 때문에 산후우울증이 찾아왔어요.
그때 자연스레 떠올린 아이템이 베이비 보디슈트였어요.
꾸준히 해오던 일을 아이 의류에 접목하고 싶었죠.
세련되고 고급스러운 보디슈트 브랜드 '핑크퍼시픽'을 론칭했어요.
일하다 보면 잠을 줄여야 할 때도 있고 힘든 순간이 종종 찾아오는데
그때마다 초심을 떠올리면 어려움을 극복할 수 있었어요.
www.pinkpacificbaby.com
김경희 – 31세, 베이비 의류 브랜드 '핑크퍼시픽' 공동대표

15 / 수입 브랜드에 의존하지 말고, 국내 제품을 수출하는 것도 방법이에요!

외국에는 파티용품 시장이 크지만 우리나라의 경우 아직 파티용품 시장이 좁은 것을 감안해
귀엽고 독특한 용품을 수입하기 시작했어요. 2013년부터 딘앤델루카에 '메리메리'라는
파티용품을 입점시킨 것을 시작으로 SSG 마켓에서 실용적인 리빙용품도 판매하고 있어요.
베이킹과 홈파티 등을 즐기는 마니아층이 늘어나고 있어 꾸준히 인기를 끌고 있죠.
최근에 해외 제품을 수입하는 업체가 늘어나고 있는데, 한국에도 퀄리티 좋은 제품이
많아 앞으로는 국내 제품을 해외에 수출할 계획이에요.
www.jollykidz.co.kr
임정현 – 43세, 수입 유아용품 쇼핑몰 '졸리키즈' 대표

16 / 시작이 정말 반이에요

디자인을 전공한 만큼 언젠가 아이를 위한 제품을 만들어보고 싶었어요.
회사 취업도 생각해봤지만 육아를 포기할 수 없어 개인 사업을 택했죠.
개인 사업을 하기로 마음먹었다면 아이템을 결정하고 끝까지 해낼 수 있는 의지를
갖추면 돼요. 아이 키우면서 강한 의지 없이는 일을 잘해내기 힘들어요.
선글라스를 만드는 곳이 많지 않아서 공장 등 현장에서
일하고 계신 분들을 보고 배운 게 도움됐고요.
일에 대한 열정이 준비되었다면 망설이지 말고 도전해보세요.
www.tinykind.com
이경민 – 27세, 키즈 선글라스 브랜드 '타이니카인드' 대표

COPYRIGHT

결혼 후에도 감각을 잃지 않았다
식기류 브랜드, 아트플레이어
글: 박선영, 사진: 김기환

기성품이 없어서 직접 만들었다
침구류 브랜드, 라라라베이비
글: 박효성, 사진: 김기환

실패에서 다시 시작했다
아동복 브랜드, 드미니
글: 오정림, 사진: 김기환

엄마에게 '여자'를 선물하다
엄마 & 유아 주얼리 브랜드, 더솜
글: 박효성, 사진: 김기환

같은 직종에서 새로운 일을 찾았다
한복 브랜드, 혜윰한복
글: 김경민, 사진: 이지아

십년지기 회사 동료들이 뭉쳤다
유아복 & 패밀리룩 브랜드, 프리비
글: 박선영, 사진: 이지아

뒤늦게 전공을 활용했다
놀이·교육용품 브랜드, 하우키즈풀
글: 박선영, 사진: 김기환

육아에서 창업 아이디어를 발견하다
리빙소품 브랜드, 그로우온유
글: 박선영, 사진: 김기환

취미가 일이 됐다
아동복 브랜드, 수아비
글: 한미영, 사진: 이지아

생활이 곧 기회였다
디자인 조명 브랜드, 빛홈
글: 우수정, 사진: 김한석

딸아이가 커갈수록 제품도 다양해진다
리빙소품 브랜드, 더아인스
글: 박효성, 사진: 김기환

내 아이에게 입혀 품질을 테스트했다
아동복 브랜드, 코노키즈
글: 박효성, 사진: 김남우

친정엄마의 손맛에서 힌트를 얻었다
먹거리 브랜드, 더마마
글: 오정림, 사진: 김기환

내 아이에게 좋은 것이 모두에게 좋다
과일청 브랜드, 호이티
글: 박효성, 사진: 이지아

일단 저질렀다, 길이 보였다
아이를 위한 멀티숍, 루팩토리
글: 박선영, 사진: 김기환

배우고 또 배웠다
간식 브랜드, 찐네 빵공장
글: 한미영, 사진: 이지아

나만이 할 수 있는 아이디어로 승부했다
아동복 브랜드, 젤리멜로
글: 박효성, 사진: 김남우

평생토록 하고 싶은 일을 찾았다
도마 브랜드, 도마네
글: 오정림, 사진: 김기환

시댁의 가업을 업그레이드했다
참기름 브랜드, 내안애 참기름
글: 오정림, 사진: 김남우

새로운 실험을 두려워하지 않았다
잼 브랜드, 단잼
글: 한미영, 사진: 김기환

육아용품에도 내 스타일을 담고 싶었다
아동복 & 아이용품 브랜드, 위드제이
글: 한미영, 사진: 김남우

텃밭에서 가능성을 발견했다
텃밭 먹거리 브랜드, 땡스베리팜 by 엄마농부
글: 한미영, 사진: 이지아

육아맘의 창업 성공기
엄마꿈틀

글과 사진 〈맘&앙팡〉

1판 1쇄 발행 2015년 10월 30일

펴낸이 이영혜
펴낸곳 디자인하우스
　　　　서울시 중구 동호로 310 태광빌딩
　　　　우편번호 100-855 중앙우체국 사서함 2532

대표전화 (02) 2275-6151
영업부직통 (02) 2263-6900
팩시밀리 (02) 2275-7884, 7885
홈페이지 www.designhouse.co.kr
등록 1977년 8월 19일, 제2-208호

편집장 김은주
편집팀 박은경, 이수빈
디자인팀 김희정, 김지영
마케팅팀 도경의
영업부 오혜란, 고은영
제작부 이성훈, 민나영, 이난영

기획 〈맘&앙팡〉
글 김경민, 오정림, 우수정, 박선영, 박효성, 한미영
사진 김기환, 김남우, 김한석, 이지아

출력·인쇄 중앙문화인쇄
Copyright ⓒ 2015 by 맘&앙팡

이 책은 ㈜디자인하우스의 콘텐츠로 출간되었으므로
이 책에 실린 내용의 무단 전재와 무단 복제를 금합니다.
㈜디자인하우스는 김영철 변호사·변리사(법무법인 케이씨엘)의 법률 자문을 받고 있습니다.

ISBN 978-89-7041-677-9 (13590)
가격 14,000원